Hesse/Schrader **Der Pilotentest**

Hesse/Schrader

Der Pilotentest

Die optimale Vorbereitung
auf den härtesten Einstellungstest

Unter besonderer Mitarbeit
von Carsten Roelecke

Eichborn.

Die Autoren

Jürgen Hesse,
Jg.1951, Diplom-Psychologe im Büro für Berufsstrategie,
Geschäftsführer der Telefonseelsorge Berlin.

Hans Christian Schrader,
Jg.1952, Diplom-Psychologe im Krankenhaus am Urban
(Abt.Psychotherapie/ Psychosomatik) in Berlin.

Carsten Roelecke,
Jg.1974, Studium der Pädagogik und Informationstechnischen
Grundbildung in der Lehrerausbildung in Bremen.

Div. gemeinsame Veröffentlichungen von Hesse/Schrader, u.a.:
Testtraining 2000; Die perfekte Bewerbungsmappe;
Neue Bewerbungsstrategien für Hochschulabsolventen;
Assessment Center; Die Neurosen der Chefs;
Krieg im Büro; Optimale Bewerbungsunterlagen;
Das erfolgreiche Vorstellungsgespräch; Arbeitszeugnisse;
VERDIENEN SIE SOVIEL, WIE SIE VERDIENEN?
(alle im Eichborn Verlag).

© Eichborn GmbH & Co. Verlag KG, Frankfurt am Main, Febr.1999
Umschlagfoto: © Bavaria Bildagentur, Alec Pytlowany
Umschlaggestaltung, Layout und Satz: Petra Wagner
Lektorat: Ulrich Ritter
Druck und Bindung: Fuldaer Verlagsanstalt GmbH, Fulda
ISBN 3-8218-1560-4

Verlagsverzeichnis schickt gern:
Eichborn Verlag, Kaiserstraße 66, D-60329 Frankfurt am Main
http://www.eichborn.de

Inhalt

Einleitung

Der Vortest

Der Haupttest

Lösungsverzeichnis

Einleitung

Zu diesem Buch

Willkommen beim »Pilotentest«, dem Testtraining für die Einstellungstests des Deutschen Zentrums für Luft- und Raumfahrt (DLR). Dieses Buch wird Ihnen helfen, sich intensiv auf den gängigen Einstellungstest für fliegerische Berufe vorzubereiten. Dabei ist es egal, ob Sie Pilot, Fluglotse, Bordmechaniker oder Flugdienstberater werden wollen, ob Sie sich bei einem privaten Unternehmen beworben haben oder Ihren Flug-Traumberuf bei der Polizei, dem Bundesgrenzschutz oder der Bundeswehr erlernen möchten – die Testhürden beim DLR müssen Sie in jedem Fall absolvieren.

Die Tests des DLR gelten bundesweit als die schwierigsten Einstellungstests überhaupt. Eine Durchfallquote von 90 Prozent spricht eine deutliche Sprache. Was sind das für Tests, deren Inhalt so streng geheim gehalten wird? Was sind das für Tests, für die die Teilnehmer alles in allem circa 1000,– DM (Kosten für Unterkunft und Verpflegung – darum muß man sich allerdings selbst kümmern – bereits eingerechnet) bezahlen, um am Ende oft doch nur um eine Erfahrung reicher geworden zu sein?

Der Pilotentest wird Ihnen genau diese Fragen beantworten. Ermöglicht haben das die akribischen Aufzeichnungen einiger Testkandidaten, die diese dann freundlicherweise dem *Büro für Berufsstrategie* in Berlin zur Verfügung gestellt haben. Ihnen allen sei an dieser Stelle unser herzlicher Dank ausgesprochen. Bitte helfen auch Sie uns, lieber Leser, und schreiben Sie uns Ihre Erfahrungen – mit diesem Buch und den Tests, an denen Sie teilgenommen haben (Adresse siehe Impressum). Helfen Sie uns, dieses Buch immer auf dem neuesten Stand zu halten.

Der Pilotentest zeigt, wie man sich am besten auf die einzelnen Test-einheiten vorbereitet. Zunächst gibt es jeweils eine kurze Beschreibung des einzelnen Testverfahrens. Auf Grund des außergewöhnlichen Schwie-rigkeitsgrades einiger Tests haben wir Ihnen dann – wo möglich – eine reiche Auswahl an Übungsaufgaben zusammengestellt. Die Beispiele sind so aufgebaut, daß Sie sich Ihren individuellen Test selbst zusammenstel-len können. Sie bestimmen das Lerntempo. Bedenken sie aber, daß beim DLR eine reine Testbearbeitungszeit allein für den sogenannten Vortest von insgesamt ca. 9 Stunden, verteilt auf eineinhalb Tage, auf Sie zu-kommt!

Haben Sie diesen Vortest geschafft, so dürfen Sie stolz auf sich sein, gehören Sie doch zu den ausgewählten 10 Prozent aller Bewerber, die nochmals zum DLR reisen und am 3- bis 4tägigen Haupttest teilnehmen dürfen.

Und sollte es trotz guter Vorbereitung nicht geklappt haben, so denken Sie daran: Wir sind nicht auf der Welt, um so zu sein, wie andere uns haben wollen.

Wir wünschen Ihnen von ganzem Herzen viel Erfolg!

Allgemeines zu den Tests

Die Tests beim Deutschen Zentrum für Luft- und Raumfahrt in Hamburg beginnen meist mittags gegen 13.00 Uhr. In der Regel erfolgt eine kurze Einweisung, ein Überblick über die Aktivitäten des DLR, Formalitäten werden besprochen (Anwesenheit, evtl. Fahrtkostenerstattung usw.) und nicht zuletzt die Frage geklärt, ob alle Teilnehmer in guter gesundheitli-cher Verfassung sind, da die Tests nicht wiederholt werden können. Nicht zu vergessen ist auch die Frage nach eventuellem Medikamenten- oder Drogenmißbrauch (dann sollte man sich lieber gleich bei den Psycholo-gen des DLR melden …). Im übrigen bekommt jeder Testteilnehmer eine Nummer, die er während des gesamten Tests gut sichtbar plazieren muß.

Die Testanweisungen kommen in der Regel vom Tonband. Fast alle Tests werden computerunterstützt durchgeführt, d.h. die Anweisungen kommen vom Tonband, der Test selbst läuft am PC ab. Ein sicherer Um-gang mit der Tastatur eines Computers ist also empfehlenswert. Beachten Sie bitte, daß Sie nur zwischen den Tonbandanweisungen und dem Teststart Fragen stellen können. Hat der Test begonnen, ist dies nicht mehr möglich. Stellen Sie nicht zu viele Fragen und wirken Sie bei Gruppentests teamorientiert. Während des Vor- und des Haupttests werden Sie permanent von bis zu fünf (!) Psychologen überwacht. Bedenken Sie, daß Sie eventuell im Haupttest auf Ihr Verhalten angesprochen werden.

Nehmen Sie sich zu den Tests genügend zu essen und trinken mit. Beim DLR selbst gibt es nur einen Getränkeautomaten und, einen kleinen Fußmarsch entfernt, eine Wurstbude. Achten Sie auf leichte Kost und eventuell auf die Einnahme von etwas Traubenzucker. Vermeiden Sie in der Mittagspause und am Morgen des zweiten Tages im Hotel eine »Nahrungsmittelnarkose«. Das DLR bevorzugt ausgeruhte und streßresistente Persönlichkeiten, die zu jeder Tageszeit ein Maximum an Leistung erbringen können.

Kurz – aber wichtig

Nutzen Sie die Möglichkeiten, die Ihnen dieses Buch bietet. Kopieren Sie sich daraus Testvorlagen und üben Sie diese einzeln. Fühlen Sie sich fit, so bitten Sie einen Helfer, Ihnen Ihr persönliches Testprogramm zusammenzustellen. Viele der Graphiken bieten sich als Kopiervorlage an. Die Reihenfolge der einzelnen Tests wird beim DLR variabel gehandhabt und kann daher von Ihnen beliebig geändert werden. Die Dauer einer Testeinheit darf ruhig 2 – 3 Stunden inkl. Pausen betragen. Das entspricht ungefähr dem, was später auf Sie zukommt. Die Lösungen zu den jeweiligen Übungsaufgaben finden Sie am Ende des Buches (s. S. 139 ff.).

Beim visuellen Merkfähigkeitstest (s. S. 23 ff.) und dem Simultan-Arbeitstest (s. S. 105 ff.) können Sie unter Umständen zum Üben Ihren Computer benutzen. Scannen Sie gegebenenfalls die Graphiken in Ihren Rechner ein und reihen Sie sie in einem Präsentationsprogramm, z.B. Microsoft PowerPoint® oder Corel Show®, aneinander. Lassen Sie die fertigen Präsentationen im vorgegebenen Zeitraster ablaufen, und versuchen Sie, den Test zu lösen. Versierte Computerbenutzer können beim Simultan-Arbeitstest auch die zugehörigen Flugnummern mit Hilfe eines Soundblasters aufnehmen und während des Tests abspielen.

Der erste Test zu Hause

Haben Sie sich für einen fliegerischen Beruf beworben, so bekommen Sie meist kurze Zeit später Post mit Ihrem DLR-Termin. Jetzt müssen Sie diesen auf einem beigefügten Formblatt bestätigen und an das DLR zurückschicken. Im Gegenzug bekommen Sie dann ein kleines Vorbereitungsheft zugesandt. Anbei finden Sie noch ein Blatt, auf dem zehn Fragen notiert sind, die Sie handschriftlich beantworten sollen. Angeblich sind diese Fragen erst für den Haupttest von Bedeutung. Bedenkt man jedoch, daß der größte Teil der Bewerber schon den Vortest nicht besteht, so drängt sich der Verdacht auf, daß Ihre Antworten doch in irgendeiner Form gewertet werden. Auffällig ist ferner, daß Sie die Fragen handschriftlich beantworten sollen. Vermutlich legt das DLR Ihre Antworten einem Graphologen (siehe auch: »Stichwort: Graphologie«, S.12) vor, dessen Beurteilung dann Aufschluß über Ihre Psyche geben soll.

Bei der Beantwortung der Fragen beachten Sie bitte folgendes: Schreiben Sie grundsätzlich alle Fragen zunächst auf einem Extrablatt vor. Überlegen Sie sich dann, welche Ihrer Antworten bei einem unbekannten Leser eher einen positiven bzw. negativen Eindruck hinterlassen könnte. Versuchen Sie, möglicherweise negativ wirkende Aussagen positiv umzuwandeln, also z.B. anstatt »Ich werde leicht ungeduldig« besser »Ich weiß, daß ich leicht ungeduldig werde, arbeite aber daran, dies zu ändern«. So geben Sie zu, eine negative Charaktereigenschaft zu haben, zeigen aber auch deutlich, daß Sie selbst mit sich nicht zufrieden sind und daran arbeiten, diesen Fehler abzustellen. Und bitte: Übertreiben Sie Ihre positiven Charakterzüge/Eigenschaften nicht zu sehr. Das wirkt schnell unglaubwürdig.

Als nächstes legen Sie Ihre Ausführungen einem Bekannten vor. Dieser soll sich in die Rolle eines DLR-Psychologen versetzen und versuchen, Widersprüche herauszufinden und etwaige negativ auslegbare Formulierungen aufzuzeigen. Diese Fehler müssen Sie unbedingt entfernen, bevor Sie die Unterlagen wegschicken. Zur Sicherheit sollte Ihr Bekannter die korrigierte Ausführung nochmals lesen.

Sind Ihre Ausführungen so bearbeitet, müssen Sie sich etwas Zeit nehmen, diese noch einmal handschriftlich zu notieren. Beantworten Sie jede Frage auf einem einzelnen Blatt Papier und alle Fragen an einem Tag. Sollten Sie sich mal verschreiben, so müssen Sie nicht alle Fragen nochmals neu aufschreiben. Schreiben Sie auch nicht mit einem Kugelschreiber oder gar Bleistift. Ihr Schriftbild ist am besten mit einem guten Füllfederhalter und wirkt am besten auf gutem Schreibpapier. Warum Sie alle Fragen an einem Tag beantworten sollten? Im Normalfall sind die Fragen sehr ausführlich zu beantworten. Als Grundsatz gilt pro Frage eine DIN A4-Seite. Durch die Menge und die zu veranschlagende Zeit werden die Fragen von vielen an unterschiedlichen Tagen beantwortet. Der Graphologe ist so in der Lage, sich ein Bild von Ihrer Stimmung an den verschiedenen Tagen zu machen. Also: Alle Fragen an einem Tag beantworten, an dem Sie psychisch ausgeglichen sind. Hetzen Sie nicht und setzen Sie zum Schluß noch auf jedes Blatt Namen und Anschrift. Heften oder gar binden lassen müssen Sie die Blätter nicht.

Um Ihnen einen inhaltlichen Vorgeschmack auf die zehn Fragen zu geben, haben wir sie im folgenden aufgeführt:

- *Wodurch wurden Sie zu Ihrem jetzigen Berufswunsch angeregt?*
- *An welchen anderen Berufen/Tätigkeiten sind Sie interessiert?*
- *Welches waren die wesentlichen Aspekte Ihrer Jugendentwicklung?*
- *Wie denken Sie heute über Ihre Schul-/Ausbildungszeit, über Mitschüler, Lehrer, Kollegen und Vorgesetzte?*
- *Welche Rollen haben bzw. hatten Sie in Schule, Ausbildung, Beruf, Vereinen oder anderen Gruppen inne?*
- *Was waren besondere Ereignisse, Anerkennungen, Mißerfolge in Ihrem Werdegang?*
- *Welches sind Ihre wichtigsten Freizeitbeschäftigungen, Interessen und Hobbys?*
- *Welche Unfälle oder schweren Krankheiten hatten Sie bisher?*
- *Welche persönlichen Eigenschaften betrachten Sie als Ihre Stärken, welche dagegen als Ihre Schwächen?*
- *Wie haben Sie sich auf diese Untersuchung vorbereitet?*

Zusatzfragen für Teilnehmer, die schon einmal beim DLR getestet wurden:
- *Was waren für Sie besondere Ereignisse, Anerkennungen, Mißerfolge seit Ihrem letzten Test beim DLR?*
- *Welches waren für Sie bedeutsame Erfahrungen in Ihrer fliegerischen bzw. sonstigen beruflichen Ausbildung seit Ihrer letzten Untersuchung beim DLR?*
- *Wie sieht Ihre aktuelle Lebenssituation aus?*
- *Welche persönlichen Eigenschaften betrachten Sie vom heutigen Standpunkt aus als Ihre Stärken, welche dagegen als Ihre Schwächen?*

Stichwort: Graphologie

Hier geht es um Ihre Handschrift. Oftmals wird schon im Vorfeld einer Bewerbung ein handgeschriebener Lebenslauf oder explizit eine Handschriftenprobe verlangt.

»Schlechte Schrift gleich schlechter Charakter«, so die üblich verbreitete Denkweise. Manche Personalmenschen spielen sich gerne als Graphologen auf. Sie lassen die Bewerber-Schriftzüge auf sich wirken und versuchen, das Formniveau zu erfassen. Dabei geht es um die Verteilung des Geschriebenen auf dem Blatt, den Rhythmus der Schriftzüge, das Auf und Ab, den Pulsschlag der Schreibbewegungen, Schriftzüge und Zwischenräume. Man unterscheidet zwischen hohem, mittlerem und niedrigem Formniveau und glaubt an den Grundsatz: Je höher das Formniveau desto harmonischer der Charakter des Schreibers.

Andere glauben, aus dem Grad der Leserlichkeit das Verhältnis des Schreibers zu seiner sozialen Umwelt herausinterpretieren zu können. Da gibt es auf der einen Seite Weltoffenheit und -gewandtheit, Sinn für die Realität des Lebens, Anpassungsbereitschaft und Fähigkeit zur Teamarbeit, auf der anderen Seite die Gefahr des Schematismus, der Schablonenhaftigkeit, der Oberflächlichkeit, des Formalismus und der Pedanterie. Dabei obliegt alles der subjektiven Interpretation.

Ordentliche Schrift ist gleich ordentlicher Charakter und damit Eignung für ordnende Berufe, wozu auch die fliegerischen Berufe gezählt werden. Bei der Bewerbung um andere Tätigkeiten darf sie dann unter Umständen auch etwas origineller bzw. egozentrischer sein (= schwerer lesbar) – so das kleine Einmaleins der Bewerberauslese-Graphologie. Alles ist eben relativ, und dies gilt für die Interpretation der Handschrift um so mehr.

Und noch ein Hinweis der Schriftgelehrten zum Verhältnis von Unterschrift zur Normalschrift: Die Unterschrift, eine Art Schutzmarke unseres Selbst, entwickelt sich mit der übrigen Textschrift und nimmt nach Erreichen der Reife (welche?) ihre Sonderform an. Sie ist gleichsam ein Werbeplakat der eigenen Persönlichkeit und läuft Gefahr, zum Spielball aller Geltungs-, Eitelkeits- und Selbstdarstellungsbedürfnisse zu werden. Klar, daß die Graphologen hieraus Rückschlüsse auf das Selbstwertgefühl ziehen.

Ist die Unterschrift größer als der Normaltext (Normaltext = Normalschrift als Ausdruck des »Normalcharakters«), so ist das Selbstwertgefühl stärker, als zugegeben wird. Im umgekehrten Falle (kleinere Unterschrift) gibt sich der Schreiber bescheidener, als er möglicherweise ist. Je deutlicher man seinen Namen ausschreibt, desto klarer – glauben die Interpreten – seien Wesen und Ausdruck des Schreibers. So einfach ist das also. Und weil zehn Graphologen von ein und derselben Handschrift zehn verschiedene Gutachten über dieselbe Person liefern, kann man mit Recht an den Schriftdiagnosen und deren Aussagekraft zweifeln.

Nachfolgend eine Übersicht über die Standardinterpretation der Grundformen der Handschrift:
- Winkel (eckig): willens- und verstandesausgerichtet
- Girlande (kurvig): gefühlsbetont, verbindlich
- Arkade (bogenartig): zurückhaltend bis verschlossen, förmlich
- Fadenduktus (unbestimmte Schreibform): anpassungs- und wandlungsfähig

Der Vortest

Schriftlicher Englischtest

Sind Sie beim DLR angekommen und haben gemeinsam mit den Psychologen die Reiseformalitäten geklärt sowie die Frage, ob Sie sich psychisch und physisch in der Lage fühlen, die Tests zu absolvieren, mit »Ja« beantwortet, so beginnen diese meist mit einer Überprüfung Ihrer Englischkenntnisse.

Der schriftliche Englischtest gliedert sich in zwei Teile. Im ersten müssen Sie Synonyme bzw. inhaltlich verwandte Wörter zu ca. 30 Vokabeln finden. Das Ausgangswort und die angebotenen Lösungen sind alle in Englisch. Deutsche Übersetzungen gibt es nicht. Im zweiten Teil bekommen Sie einen Englisch-Grammatiktest vorgelegt. Dieser besteht aus Sätzen, in denen jeweils eine Vokabel fehlt. Aus den angebotenen Lösungen sollen Sie diese Vokabel herausfinden und grammatikalisch richtig ergänzen. Das Niveau der beiden Testteile ist unterschiedlich. Der erste Teil wird im allgemeinen als sehr schwer empfunden, wohingegen der zweite Teil nur das Niveau der 9. Klasse in der Schule erreicht.

Zum Üben haben wir Ihnen für den ersten Teil Vokabeln entsprechend dem Leistungsstand der 12. Klasse eines Gymnasiums herausgesucht. Wir empfehlen dringend, besonders diesen Testteil intensiv zu üben. Eventuelle Wortneuschöpfungen/Falschschreibungen sind bewußt eingebaut und sollten Sie nicht weiter irritieren. Wir haben aus Rückmeldungen erfahren, daß sich selbst Teilnehmer mit Englisch als Leistungskurs beim ersten Testteil überfordert fühlten. Für den zweiten Teil sollte Ihre Schulbildung ausreichen.

Versuchen Sie nun, die folgende Aufgabe zu bearbeiten. Sie arbeiten im übrigen bei diesem Test nicht unter Zeitdruck, die Bearbeitungszeit ist vollkommen ausreichend.

Übungsaufgaben

1. Teil

Aufgabenstellung:
»Choose the word which fits best to the first one.«

1. aft	a) afore	b) backward	c) bevel
2. ajar	a) cosed	b) half open	c) open
3. ascertain	a) find	b) investigate	c) determine
4. impervious	a) impenetrable	b) impermanent	c) impertinent
5. defiant	a) defery	b) defunct	c) defy
6. angry	a) angina	b) angle	c) furious
7. gravy	a) graveyard	b) grease	c) sauce
8. succeed	a) suicide	b) success	c) follow
9. suit	a) dress	b) suite	c) sweet
10. reimburse	a) indemnify	b) return	c) hand back
11. to think	a) to believe	b) to suspect	c) to remark
12. pretty	a) weird	b) tremble	c) graceful
13. to invade	a) to inhabit	b) to join	c) to conquer
14. to habit	a) to rabbit	b) to settle	c) to chase
15. security	a) separate	b) safety	c) vice versa
16. sufficient	a) enough	b) plenty	c) nod
17. fault	a) mistake	b) pile	c) resemble
18. much	a) mutch	b) less	c) plenty

19. hostile	a) revenge	b) unfriendly	c) forgive
20. brief	a) concise	b) skill	c) praise
21. fervent	a) ardent	b) riot	c) unite
22. hazardous	a) noisy	b) dangerous	c) scream
23. immense	a) false	b) tremendous	c) decay
24. valour	a) retreat	b) scarpe	c) courage
25. fantastic	a) imaginary	b) repudiate	c) hidden
26. attractive	a) rough	b) affirm	c) magnetic
27. odd	a) certain	b) rise	c) strange
28. redundant	a) superfluous	b) birthday	c) valour
29. tiny	a) gigantic	b) minute	c) bless
30. perhaps	a) dry	b) possibly	c) ardent
31. clemency	a) accomplish	b) raise	c) mercy
32. proclaim	a) declare	b) concise	c) primitive
33. increase	a) intensify	b) reckless	c) mixed
34. exhibit	a) lessen	b) theory	c) display
35. inevitable	a) uncertain	b) happy	c) cruelty
36. mainly	a) optimistic	b) chiefly	c) silent
37. scare	a) scream	b) frighten	c) split
38. quickly	a) energetic	b) rapidly	c) strange
39. reproach	a) scold	b) row	c) forged
40. rude	a) prohibition	b) corporal	c) impolite
41. settle	a) tie	b) loosen	c) fix
42. decay	a) deterioration	b) valour	c) borrow
43. honest	a) fill	b) sincere	c) uncertain
44. tremendous	a) enormous	b) wait	c) scold

→

45. enormous	a) authentic	b) gigantic	c) portentous
46. mobile	a) worthless	b) reck	c) changeable
47. abandon	a) forsake	b) deterioration	c) reproach
48. authentic	a) apathic	b) genuine	c) toil
49. annul	a) physical	b) split	c) abolish
50. riotous	a) violent	b) noisy	c) helpful
51. nomadic	a) migratory	b) alien	c) different
52. practise	a) succeed	b) enjoy	c) exercise
53. enlarge	a) mistake	b) try	c) amplify
54. ominous	a) space	b) unite	c) portentous
55. odd	a) eccentric	b) curse	c) random
56. attentive	a) affective	b) watchful	c) intensify
57. perilous	a) inside out	b) dangerous	c) sauce
58. horror	a) alien	b) mum	c) dismay
59. obscure	a) heart	b) join	c) mysterious
60. arrogant	a) haughty	b) upper class	c) noisy
61. achieve	a) eccentric	b) accomplish	c) nomadic
62. mad	a) attain	b) insane	c) genuine
63. plain	a) sincere	b) simple	c) tarnish
64. uproar	a) ardent	b) turbid	c) tumult
65. modern	a) talking	b) courage	c) up-to-date

2. Teil

Aufgabenstellung:
»Fill in the missing word or phrase.«

1. They flew from Berlin … London.
   a) at   b) to   c) for   d) by

2. Julie has gone to the airport, … she?
   a) hasn't   b) was   c) hadn't   d) doesn't

3. It's Jane's birthday. She … 21 years old.
   a) will   b) will be   c) becomes   d) grows

4. I can help you, … you wait for a moment.
   a) when   b) if   c) because   d) before

5. Betty tells the untruth, she …
   a) lays   b) lies   c) leis   d) lais

6. When do I … a letter from you?
   a) become   b) get   c) got   d) have

7. A: »Excuse me, I'm sorry.« B: »Never …«
   a) ever   b) again   c) mind   d) you

8. A twin-engine DC-3 was … over the town.
   a) going   b) winging   c) crossing   d) sailing

9. The night before the big game, do anything that will take your … the coming challenge.
   a) mind off   b) hand off   c) foot off   d) dress off

10. We have to … a visit to aunt Mary.
    a) do   b) see   c) enjoy   d) pay

11. … my books lay on the floor.
    a) Every   b) Any   c) All   d) Most

12. There is … work to do.
    a) a lot of   b) plenty of   c) a great number of   d) little

13. Yesterday he drove a … miles.
    a) many   b) few   c) much   d) little

→

14. He has ... money than his brother.
    a) little   b) more   c) most   d) many

15. ... of my friends could read the text.
    a) None   b) Each   c) Every   d) Few

16. We ... living in Bremen since 1974.
    a) are   b) was   c) have been   d) will not

17. A ... coffee can be nice, but too much of it may be bad for you.
    a) few   b) many   c) little   d) less

18. We ... a good holiday – the weather was very bad.
    a) had not   b) didn't have   c) did have   d) didn't had

19. We don't have ... apples.
    a) any   b) some   c) no   d) an

20. Where ... yesterday?
    a) were you   b) was you   c) you were   d) you was

21. Sebastian wrote to ...
    a) they   b) my   c) he   d) us

22. Olivia is ... home.
    a) on   b) in   c) at   d) for

23. ... clever idea.
    a) What   b) So   c) What a   d) How

24. I ... meat.
    a) not eat   b) eat not   c) don't eat   d) do'nt eat

25. How ... times have you seen the film?
    a) much   b) many   c) a lot of   d) a great
                                                                                               number of

Lösungen siehe Seite 139

Konzentrations-
Aufmerksamkeits-
Leistungstest

Auch beim Pilotentest werden – wie bei vielen anderen Einstellungstests – Aufgaben gestellt, von denen sich die Anwender versprechen, etwas über das allgemeine Konzentrations- und Leistungsvermögen des Probanden zu erfahren. Ob und wieweit dies anhand des nachfolgenden Testverfahrens möglich ist, darf diskutiert werden. Beliebt bei den Testern ist das Prüfen von abgeschriebenen Adressen auf Richtigkeit oder das dreißig- oder mehrminütige Addieren und Subtrahieren von Zahlenreihen.

Beim DLR wird den Teilnehmern ein Blatt mit 42 Reihen zu je 40 Buchstaben vorgelegt. Alle a, b und q's sollen waagerecht markiert werden. Es empfiehlt sich unbedingt, diesen Test vorher zu üben, damit er in der vorgegebenen Zeit zu schaffen ist. Lassen Sie sich ggf. von einem Helfer noch zusätzliche Buchstabenreihen erstellen. Mit einem Textverarbeitungssystem ist dies auf dem Computer eine Sache von einer Viertelstunde. Sie werden sehen, je öfter Sie diesen Test üben, desto schneller und besser werden Sie.

Versuchen Sie nun, die folgenden 42 Buchstabenreihen in 15 Minuten zu lösen. Markieren Sie alle a, b und q mit einem geraden, waagerechten Strich.

Übungsaufgaben

1. o i z a d f h z b t i q p f r t w q p p h a f q d e h j o e d c b d b h b d z
2. u k l k b z p b q t h j f e q p o b h t q b d s a ö p ü ä g b a q z q u h f a
3. n c g j b a r j g t e r s a m k b a r t z q m g v a d s b a q z u h j g r t f d
4. v x y u l k h t z a g f d a h a z g q s s b j k a m n g f d s w a r z u q k l
5. l j g f d b f d h j k l o p j g d a z u b h t q q d e j u b t g q j k m n v c d
6. e r w f s d g j k o a i z t a q f q s b v n m k l o u i z t f g t h j g f d d d f
7. v n m k j h t z f d r e s f r g h j k u t g g f m n j a i q p b b q h g f d a y
8. x q v n g a r e w q j h q f r t z u q o i b z t r e d f g h q r a d a h b h j b
9. l k m q n a z u b h t b f r e d q r g q j k a z a h q q r b t g b g a f r q c
10. k b n v q d f a r e d a g t h z j u j i k l m n h b u z g t r f v d e r g h j k

$\longrightarrow$

11.　o b u b a g h q v f b h a a a t e w ö q o k b j q n ö b u q h q j a n m d t

12.　h a r t a h q j u q ö k b u j h a g f r e d s q s d b　g t h z u j a n h j u z

13.　h g t r f d e a w d f c v b g h q h t z a u m n b g f r e h j g n v f g h t z

14.　q g b r f d e u j a q k i o b k j h a t z u a n m h q s r d d d d b s s x q v

15.　a m k a o q m q n h z g t z h j a h a r d q v c b n g t z u q n m b l o i u

16.　h q g ä ö b k u j h t a n m h g f d e a a y x x q f b g q z j u j a i b u h q

17.　t r a b b n j m q h g f r t z u j k a v f c d a f g a h z j u q i m b h g t f r

18.　d e d e d a w l k q o k j u q z t z g f b d f r a t q z j a k i l o b n h q v f

19.　r a g z q j b u a h q g n b z j u q r d e a s a g h d s e r l a r s w q z t b

20.　g v q r l k j z q h g t a d e b z u h g a r f r i q h g r d f e r n m v f g h j

21.　u z d e r f h a t r f d e j u h t g v f d c x s w g h k l p o m n f r d e g h

22.　w s d g e h j z t d w a b c x o p i u t z h j m l k o p p p b g r t f d w q z

23.　t h g f t t z h g d w e v b n j k i o u z t b p o i n p b g t e w s f h j z t r

24.　g n m l k h g f d s a e r t z u i o k m n b g v f c d x s y a q w s e d r f t

25.　g h z u j k i o l p k m j n h z g t f r d b f d e s w a e g h j u z t r n b g f

26.　r z j k l m n b v g f t h u o i u z g n m k h b f l o k i j u n h b v g f c d e

27.　r f t g z h u j i k m n b v f h i p o i u z t r e w q a s d f g h j k l m n b v

28.　c x s f j h g r t e w q a d f h j u i o p p p m n h t r q f h j u d c f v g b h

29.　n j m k u z t r f t g h z b g f r t g h j k o l o i u z h j u i k l g t h u k q g

30.　t r j k i o p ü ö l m n h g b t z u h g f d s a q w e r f d e w s a q w e d f

31.　r g t h z u j k i o l ö p l k m n j u h b g t r f v c d e r t z u i o p ü ö l k t

32.　r e f k j z u g w o k j h w e d s c v x y a q w e r f g j k l m k o p j u h n

33.　b g t f r d v b g h n m j k m l o i u z t g h t h j k l u h b v b g t z h j n m

34.　k i u h j n b g t f r e d c v f g h j o p p w a s e d f c x y s d f r e d s c g

35.　h u j z g t f t g b n m n m j k m n j k m n m l ö p o i u h g f d s x y s d e

36.　r t g f v g h u j z h u j i k o l e w s x c v b f d s w a q w s d f g b h z w

37.　q a s y x d f g h j k l o i u z t r e w q a s d f g h j k l ö ä m n b v c x y a

38.　s d ö l k i u z h j k l m n b v g f r e d d g t h z j n m g f d a s w u h t w

39.　q a s d f b g n j m l ö p o i u z t r f d f c v b n t q w e s f h p o a p o o

40.　p l k r w q a d c v b g h n m j h g f z u j k l j h t w q a s x c v b n g f h

41.　n j u i k j z t r f d e w e r f g j m k l k j u z h g t r f d e s w a s d t h j u

42.　n b g f v c d e w s f g h j k l o i u z t g b v f e w q s d f g h j t q a s d f

Lösungen siehe Seite 139

Visueller Merkfähigkeitstest

Bei diesem Test geht es darum, sich in kurzer Zeit verschiedene Bild-/Zahlenkombinationen zu merken. Die Zeit beträgt zunächst 30 Sekunden für 4 Bilder und verkürzt sich zum Schluß auf 10 Sekunden.

Hier ein Beispiel: Die Aufgabe besteht darin, sich zunächst die den Bildern zugeordneten Zahlen des ersten Bilderblocks zu merken, diesen dann abzudecken und sich anschließend die Bild-/Zahlenkombinationen des zweiten Blocks einzuprägen. Der Buchstabe (hier A) ist durch die aus dem ersten Block bekannte Zahl (Uhr = 78) zu ersetzen und auf einem Extrablatt zu notieren.

Um diesen Test zu üben, schlagen wir Ihnen zwei Möglichkeiten vor:
1. Auf den folgenden Seiten haben wir Ihnen eine Bilderfolge mit insgesamt 64 Einzelbildern zusammengestellt. Bitten Sie einen Helfer, Ihnen für jedes Bild mit 4 Einzelbildern 30 Sekunden Zeit zum Einprägen der Bilder und Zahlen sowie dem Notieren der Lösungen zu geben. Für die letzten 3 Bildkombinationen soll er Ihnen nur noch 10 Sekunden Zeit geben. Decken Sie die Bilderblöcke so ab, daß jeweils nur der Block zu sehen ist, den Sie gerade bearbeiten. Vergleichen Sie danach Ihre Lösungen.
2. Scannen Sie die folgenden Bilder in Ihren Computer ein und reihen Sie sie z.B. in Microsoft PowerPoint® oder Corel Show® aneinander als einzelne Folien an. Stellen Sie die Folienübergänge auf jeweils 30 Sekunden ein, für die letzten 4 Bilderblöcke pro Bild auf 10 Sekunden.
Achten Sie darauf, unsere Testbilder nicht zu oft zu üben. Irgendwann können Sie sie auswendig, und dies würde Ihr echtes Testergebnis verfälschen. Lassen Sie sich also von einem Helfer neue Bilder erstellen. Sie können auch die Bilder in diesem Buch verwenden und ihnen neue Zahlen zuordnen und/oder sie in eine neue Reihenfolge bringen. Spiele wie z.B. das »Erwachsenen-Memory« können Ihnen ebenfalls helfen, Ihr visuelles Gedächtnis zu trainieren.

Übungsaufgaben

1.

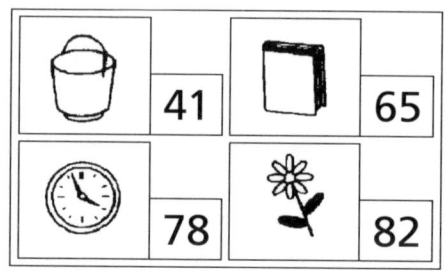

2.

3.

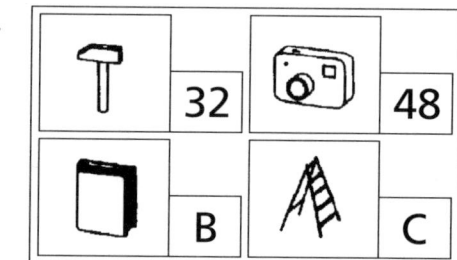

4.

5.

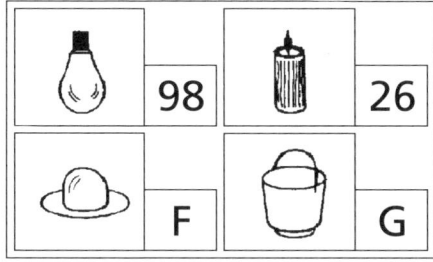

6.

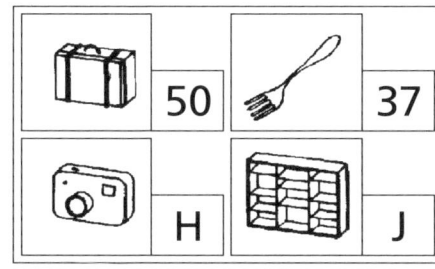

7.

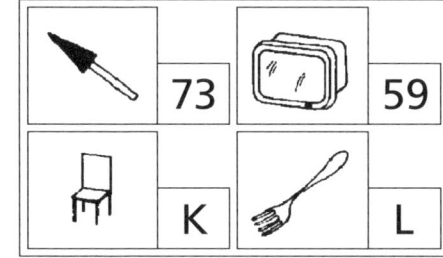

8.

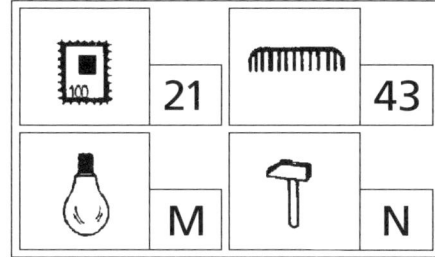

→

9.

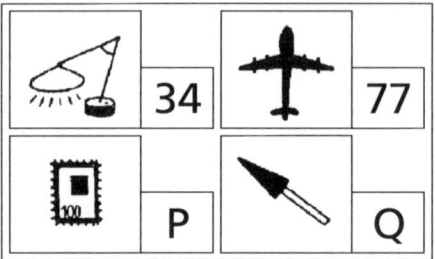

10.

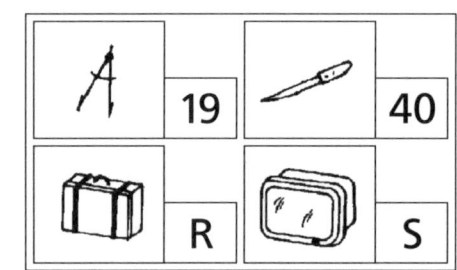

11.

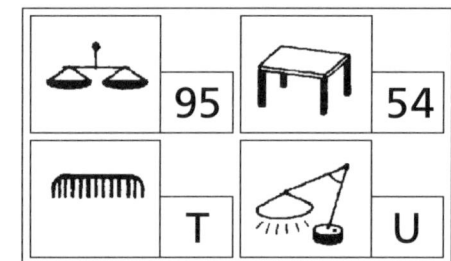

12.

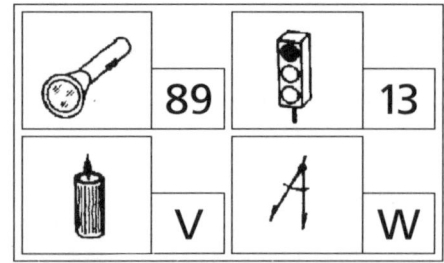

13.

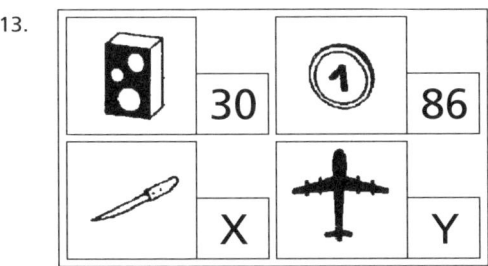

14.

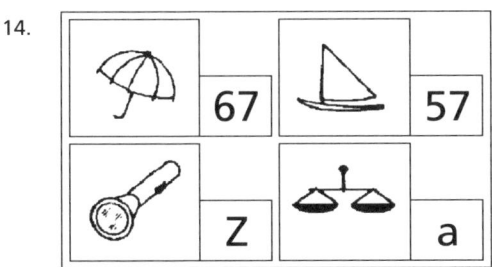

15.

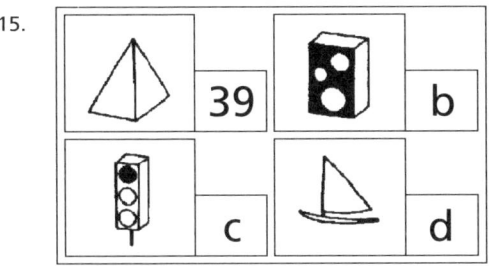

16.

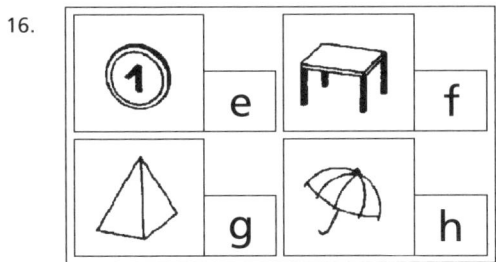

Lösungen siehe Seite 140

Approach-Control-Test

Der Approach-Control-Test ist einer der wenigen Tests, bei denen eine Verbindung zum angestrebten Beruf eines Piloten/Fluglotsen deutlich wird. Der Test ist vom Aufbau her relativ kompliziert. Weiß man jedoch, worum es geht und worauf es ankommt, so läßt er sich leicht üben.

Hier eine Kurzbeschreibung:
Drei Flugzeuge müssen auf eine zu ermittelnde Landebahn gelotst werden. Pro Zug für ein Flugzeug hat man eine Sekunde Zeit. Gelandet wird immer mit Gegenwind, und während des Tests ändert sich manchmal die Windrichtung.

Als erstes werden die Flugfelder zugewiesen. Diese sehen so aus wie das nachfolgende Beispielflugfeld. Jeder Teilnehmer bekommt im realen Test ein Blatt mit einem Flugfeld, auf dem er sich keine Notizen machen darf und das er nach dem Test wieder abgeben muß. Wie man sieht, beschreibt das Flugfeld einen Kreis und ist von verschiedenen Luftstraßen durchzogen. Jede Kreuzung dieser Luftstraßen hat eine eigene Nummer. In der Mitte gibt es drei Pfeile, die die Landebahnen darstellen.

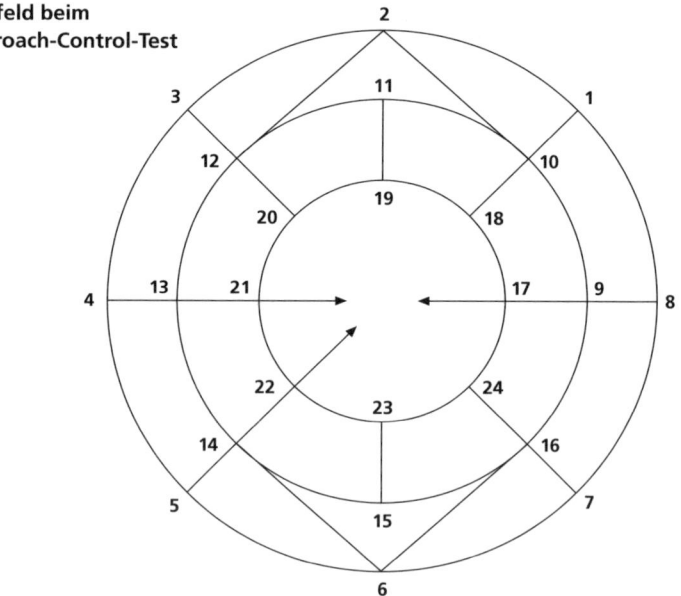

Flugfeld beim Approach-Control-Test

Als nächstes werden die Antwortblätter ausgeteilt. Nun muß anhand der Windrichtung die entsprechende Landebahn ausgewählt und die Nummer der Landebahn in das jeweilige Feld eingetragen werden. Die Windrichtung wird per Tonband angegeben, die Landebahn ist vom Teilnehmer anhand einer besonderen Landebahntabelle zu ermitteln.

Die Antwortblätter sehen wie folgt aus:
Über der Tabelle wird die ermittelte Landebahn eingetragen (Ziffer 1) bzw. die neue Landebahn (Ziffer 2), sofern eine neue Windrichtung angegeben wird. Die Flugzeuge werden mit den Buchstaben A, B und C bezeichnet. x1, x2 und x3 sind die den Flugzeugen jeweils zugeordneten Höhen, H1, H2 und H3 die momentanen Positionen. Position und Höhe der Flugzeuge sind bereits vor Testbeginn eingetragen.

Antworttabelle:

		1/2					
A x1	H1						
B x2	H2						
C x3	H3						

Zeichenerklärung:

A, B, C	= Flugzeuge
x1, x2, x3	= Höhe der jeweiligen Flugzeuge
H1, H2, H3	= momentane Position der Flugzeuge
1	= Windrichtung bzw. entsprechende Landebahn
2	= geänderte Windrichtung, geänderte Landebahn

Folgende Regeln müssen laut Testvorgabe beachtet werden:
- Anhand einer per Tonband vorgegebenen Windrichtung muß mittels einer speziellen Landebahntabelle die zugehörige Landebahn ermittelt werden. Dabei gilt, daß immer mit Gegenwind gelandet wird.
- Die aktuellen Positionen der Flugzeuge müssen in die jeweiligen Felder der Antworttabelle eingetragen werden.
- Pro Zug für 3 Flugzeuge hat man insgesamt 3 Sekunden Zeit; die Zeiteinheiten werden durch einen Signalton über Tonband angegeben.
- Es darf nicht vorgeschrieben werden, d.h. es dürfen keine Züge im vorhinein ausgeführt werden.

- Pro Zug verliert ein Flugzeug 1000 Fuß an Höhe.
- Gelandet wird immer mit einer Höhe von 1000 Fuß; diese Höhe kann allerdings auch bereits einige Züge vor der Landung erreicht sein.
- 180°-Wendungen sind verboten.
- 2 Flugzeuge auf einem Punkt sind verboten (auch in unterschiedlichen Höhen!).
- Flugzeuge dürfen sich nicht entgegenkommen.
- Es sollte möglichst die kürzeste Route gewählt werden.
- Während des Tests ändert sich manchmal die Windrichtung, und es werden Punkte »gesperrt«. Gesperrte Punkte dürfen nicht angeflogen werden.

Sind alle Antwortbögen verteilt, so wird zunächst ein Beispieldurchlauf mit *einem* Flugzeug gestartet. Hier zur Verdeutlichung ein Durchlauf mit der Vorgabe »Windrichtung aus Westen« und 3 Flugzeugen.

Landebahntabelle:

Windrichtung	Landebahn
Westen	Ab Punkt Nr. 17
Norden	Ab Punkt Nr. 22
Osten	Ab Punkt Nr. 21
Süden	Ab Punkt Nr. 21

Antworttabelle:

17 /

A 5000	13	14	15	16	9	17
B 2000	3	2	10	9	17	
C 1000	8	9	17			

Das Flugzeug A befindet sich in einer Höhe von 5 000 Fuß in Punkt 13. Pro Feld sinkt es um 1000 Fuß, so daß mit der gewählten Route eine Landung aus 1000 Fuß Höhe möglich ist. Gleiches ist mit den beiden anderen Flugzeugen parallel möglich. Eine Änderung der Windrichtung oder die Sperrung einzelner Punkte ist bei diesem Durchlauf nicht erfolgt. Wäre z.B. Punkt Nr.15 gesperrt gewesen, so hätte das Flugzeug A über die Route 13, 21, 22, 23, 24, und 17 gelotst werden müssen. Alternativ wäre auch die Route 13, 14, 22, 23, 24, 17 möglich gewesen.

Ein weiteres Beispiel mit der Vorgabe »Windrichtung aus Osten, Punkte 22 und 15 gesperrt«.

Antworttabelle:

			21/				
A 6000	1	2	3	4	13	21	
B 6000	10	9	16	6	14	13	21
C 3000	6	14	13	21			

Was hier noch relativ leicht aussieht, erweist sich in der Testrealität als sehr anspruchsvoll und stressig. Beachten Sie auf keinen Fall die Anweisung, *nicht* vorzuschreiben. Es kommt selten vor, daß Punkte während des Tests gesperrt werden bzw. die Windrichtung geändert wird. Diese Änderungen geschehen zumeist auch zu Testbeginn, so daß eine zügige Korrektur noch möglich ist.

Übungsaufgaben

Kopieren Sie sich zunächst das Flugfeld, die Windrichtungstabelle sowie die Antworttabellen auf den folgenden Seiten aus diesem Buch heraus. Das sind auch die Materialien, die Sie während des Tests benutzen dürfen. Beachten Sie auch, daß keine Randnotizen erlaubt sind – das Einzeichnen von Flugzeugpositionen in das Flugfeld ist strengstens verboten!

Ihr Helfer muß Ihnen nun mit Hilfe einer Digital- oder Stoppuhr jeweils zu Testbeginn die Anweisungen vorlesen und alle drei Sekunden den Befehl »Weiter« geben, als Zeichen, die drei Flugzeuge jeweils ein Feld weiterzusetzen. Eventuelle Sondermeldungen (Änderung der Windrichtung oder Punktsperrung) werden in der Reihenfolge, in der sie erscheinen, mit vorgelesen. Denken Sie daran, eventuell geänderte Landebahnen mit in die Tabellen einzutragen. Lassen Sie sich nicht verwirren: Einige Beispiele sind in der vorgegebenen Zeit nicht zu schaffen und dienen nur zu Ihrer Verunsicherung!

$\longrightarrow$

Die Anweisungen für die nachfolgenden 10 Antwortfelder lauten:

1. Windrichtung aus Osten
   (die Flugzeuge werden alle drei Sekunden und insgesamt 6mal weitergesetzt)
2. Windrichtung aus Westen
3. Windrichtung aus Norden
4. Windrichtung aus Osten
   Helferanweisungen: Weiter, Windrichtung aus Westen, Weiter, Weiter, Weiter, Weiter, Ende (die Anweisung »Weiter« entspricht beim DLR dem Signalton vom Tonbandgerät, erfolgt also alle 3 Sekunden)
5. Windrichtung aus Süden
   Helferanweisungen: Weiter, Weiter, Windrichtung aus Westen, Weiter, Weiter, Weiter, Ende
6. Windrichtung aus Norden
7. Windrichtung aus Norden, Punkt 15 gesperrt
8. Windrichtung aus Süden, Punkt 8 gesperrt
9. Windrichtung aus Westen, Punkte 19 und 7 gesperrt
10. Windrichtung aus Westen
    Helferanweisungen: Weiter, Weiter, Punkt 18 gesperrt, Weiter, Weiter, Weiter, Ende

Da es für diesen Test jeweils mehrere Lösungsmöglichkeiten gibt, kontrollieren Sie nach Testende Ihre Flugbewegungen in Ruhe anhand der Ihnen bekannten Regeln.

Antwortfelder:

1. /

A 2000	5						
B 4000	17						
C 4000	16						

2. /

A 2000	3						
B 6000	21						
C 4000	13						

3. /

A 3000	7						
B 4000	16						
C 1000	6						

4. /

A 3000	19						
B 4000	16						
C 1000	9						

5. /

A 3000	13						
B 5000	4						
C 3000	7						

6. /

A 1000	15						
B 3000	19						
C 5000	18						

7. /

A 5000	18						
B 2000	16						
C 4000	1						

8. /

A 5000	1						
B 4000	9						
C 1000	3						

9. /

A 2000	6						
B 5000	21						
C 4000	8						

10. /

A 4000	21						
B 3000	8						
C 5000	9						

Kopiervorlagen für eigene Beispiele

/

A							
B							
C							

/

A							
B							
C							

/

A							
B							
C							

/

A							
B							
C							

/

A							
B							
C							

/

A							
B							
C							

/

A							
B							
C							

Flugzeug-Positionierungstest

Der Flugzeug-Positionierungstest dient dazu, Ihre zweidimensionale Vor-
stellungsfähigkeit zu testen. Ihre Aufgabe besteht darin, ausgehend von
einer bestimmten Position eines Flugzeugs jeweils mehrere Richtungsänderungen nach Anweisung vorzunehmen. Am Ende muß eine Aussage
darüber getroffen werden, um wieviel Grad das gedrehte Flugzeug
nochmals gedreht werden müßte, um es in eine weitere vorgegebene
Position zu bringen. Dafür gibt es die Lösungsvorschläge A, B, C und D,
von denen jeweils nur einer richtig ist.

Ein Beispiel:

	A	B	C	D
	0	90R	180	90L

→   270R   180   90L   270R   90L   ↓

Der Pfeil ganz links außen (→), der die Richtung des Flugzeugs bezeichnet, zeigt nach rechts. Ausgehend von dieser Position wird das Flugzeug
um 270° nach rechts (R) gedreht, danach um 180°, um 90° nach links (L),
um 270° nach rechts und um 90° nach links. Als Ergebnis erhält man eine
Position mit der Pfeilspitze nach links (←). Um das Flugzeug nun in die
vorgegebene Position, also mit der Pfeilspitze nach unten, zu bringen,
muß es noch einmal um 90° nach links gedreht werden. Richtig für diese
Aufgabe ist also Lösungsvorschlag D.

Bitte lösen Sie nun die folgenden 10 Aufgaben innerhalb von 2 Minuten.
Die Aufgaben in den weiteren Blöcken können Sie später für erneute
Übungsdurchgänge benutzen.

Übungsaufgaben

1. Block

	A	B	C	D
	0	90R	180	90L

1.	↑	90L	180	270L	270R	180	←
2.	←	90R	90R	180	270R	90L	↑
3.	→	90L	270R	180	90L	180	→
4.	↓	180	180	180	270L	270R	↓
5.	↑	90R	270L	180	90L	90R	←
6.	→	180	270R	90L	180	90R	→
7.	→	180	90L	270L	180	270L	↑
8.	←	90R	270L	90R	180	180	←
9.	↑	90R	180	90R	270L	90R	↑
10.	↓	90L	180	270R	180	90L	→

2. Block

	A	B	C	D
	0	90R	180	90L

1.	↑	180	270R	90R	270L	180	↓
2.	↑	180	90L	90R	180	90R	←
3.	↓	90R	270R	180	180	90L	↑
4.	←	180	270R	180	270L	90R	→
5.	↑	90L	270L	90L	180	90R	↓
6.	→	90L	180	270L	270R	180	←
7.	↑	90L	180	270R	180	90L	→
8.	←	90L	180	270L	270R	180	←
9.	↓	90L	180	270L	270R	180	←
10.	↓	180	270R	270R	90L	180	↓

3. Block

		A	B	C	D	
		0	90R	180	90L	

1.	←	90R	180	270L	90R	90R	↑
2.	←	180	90L	90L	270R	180	↑
3.	→	180	270R	270R	270R	180	↑
4.	↑	90L	90L	180	90R	270L	←
5.	↓	180	270R	270R	180	90L	→
6.	→	90L	90L	270L	180	90R	↓
7.	↓	180	180	180	90L	270R	↑
8.	←	90L	90L	90L	90R	180	→
9.	↓	180	90R	270L	90R	270L	←
10.	→	90R	270L	180	270L	90R	↓

4. Block

		A	B	C	D	
		0	90R	180	90L	

1.	↓	90R	270L	90R	180	90L	←
2.	↓	180	270L	180	90R	270L	↑
3.	→	90R	180	270L	90R	180	→
4.	←	90R	180	270L	90R	180	↓
5.	↑	180	270R	90L	180	270L	↑
6.	↓	90R	270L	180	90L	180	←
7.	↑	180	270L	90R	180	90L	→
8.	←	90R	180	270R	180	90L	↓
9.	↑	270R	90L	180	270R	180	↑
10.	→	270R	270R	180	90L	180	↓

→

5. Block

	A	B	C	D
	0	90R	180	90L

1. ↑ 90R 180 90R 270L 270L →

2. ← 270R 180 270R 90L 270R ↓

3. ↓ 180 90L 180 270R 180 ←

4. → 90L 180 270L 90R 270L ↓

5. ← 180 90L 270R 180 90L →

6. ↑ 90R 270L 180 90L 180 →

7. → 90R 180 270L 180 90R ↑

8. ← 180 270L 180 270R 90L ←

9. → 90R 180 270L 270L 180 ←

10. ↓ 180 180 180 90L 270R ↑

Lösungen siehe Seite 140

Würfel-Rechenleistungstest

Von drei Würfeln wird die Summe der vorderen, sichtbaren Augen addiert und dann die Summen der hinteren, verdeckten Augen (Vorder- und Rückseite ergeben immer 7). Danach wird das kleinere Ergebnis vom größeren im Kopf abgezogen. Ist dieses Ergebnis dann als Augenzahl auf einem Würfel auf der Vorderseite zu sehen, so muß dieser markiert werden. Ist das Ergebnis 0 oder nicht vorhanden, so muß das leere Feld rechts neben den Würfeln gekennzeichnet werden. Auch dieser Test läßt sich mit einiger Übung im vorgegebenen Zeitrahmen schaffen.

Drei Beispiele:

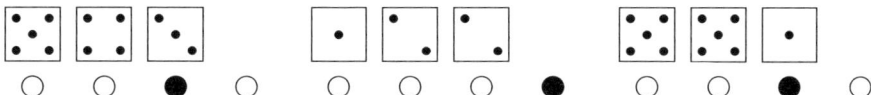

1. Vorderseite der ersten drei Würfel: 5 + 4 + 3 = 12
    Rückseite der ersten drei Würfel: 2 + 3 + 4 = 9
    12 – 9 = 3 → Sie müssen das Feld unter dem Würfel mit der »3« markieren.

2. Vorderseite der zweiten drei Würfel: 1 + 2 + 2 = 5
    Rückseite der zweiten drei Würfel: 6 + 5 + 5 = 16
    16 – 5 = 11 → Sie müssen das leere Feld neben dem dritten Würfel markieren.

3. Vorderseite der letzten drei Würfel: 5 + 5 + 1 = 11
    Rückseite der letzten drei Würfel: 2 + 2 + 6 = 10
    11 – 10 = 1 → Sie müssen das Feld unter dem Würfel mit der »1« markieren.

Tips zum Test

Es gibt zwei Möglichkeiten, diesen Test zu lösen:
  1. Sie addieren die Augenzahl der Würfelvorderseiten, danach gedanklich die Augenzahl der Würfelrückseiten und ziehen dann das kleinere vom größeren Ergebnis ab. Dies ist der herkömmliche Lösungsweg.

2. Die maximale Augenzahl von Vorder- und Rückseite beträgt 21 (1 + 2 + 3 + 4 + 5 + 6). Sie addieren nun die Summe der vorderen (sichtbaren) Augen zusammen, ziehen dieses Ergebnis von 21 ab und erhalten somit die Summe der hinteren (verdeckten) Augen. Ziehen Sie dann das kleinere Ergebnis vom größeren ab.

Rechenweg zum Aufgabenbeispiel für die ersten drei Würfel:
a) 21 − (5 + 4 + 3) = 9
b) 21 − 9 = 12
c) 12 − 9 = 3

Rechenweg zum dritten Aufgabenbeispiel:
a) 21 − (5 + 5 + 1) = 10
b) 21 − 10 = 11
c) 11 − 10 = 1

Wir haben Ihnen zwei Aufgabenblöcke zusammengestellt. Pro Block haben Sie 4 Minuten Zeit.

Übungsaufgaben

1. Block

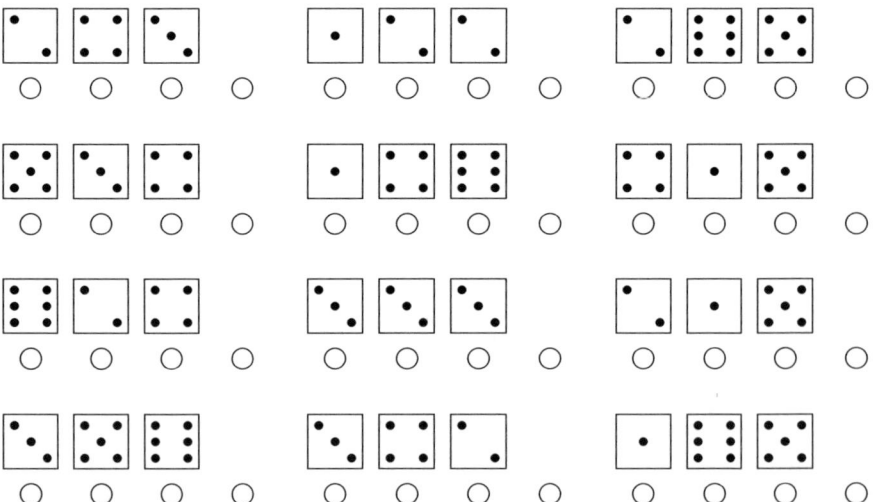

2. Block

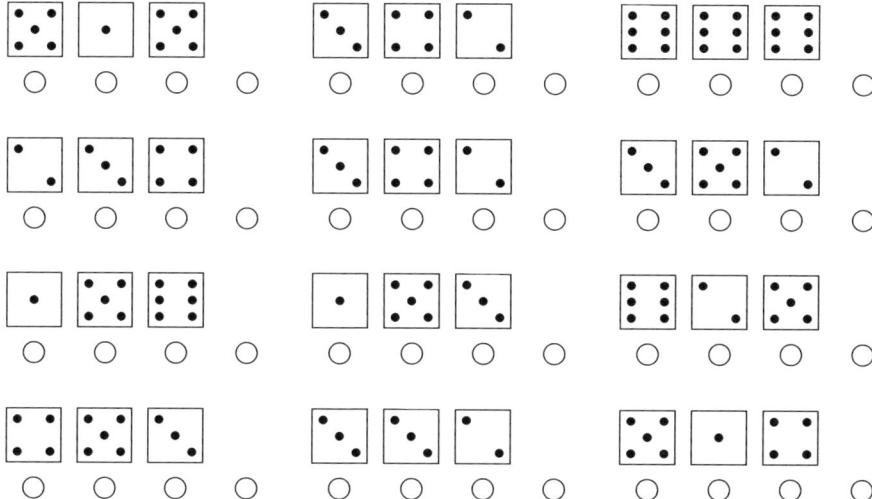

Lösungen siehe Seite 141

Noch ein Tip: Sich gegenüberliegende Zahlen können gewissermaßen »rausgekürzt« werden, was zur Folge hat, daß die eigentliche Rechnung auf lediglich einen einzigen Würfel beschränkt bleibt. Zum Beispiel bei folgenden Augenzahlen: 2, 3 und 5. 2 und 5 heben sich quasi auf – es bleibt zu rechnen: 4 weniger 3.

Vigilanztest

Der Vigilanztest ist ein sogenannter Langzeit-Konzentrationsleistungs-test, bei dem über einen längeren Zeitraum – hier sind es 60 Minuten – die psychische Belastbarkeit des Teilnehmers getestet wird. Dieser Test wird u.a. auch als »Gegentest« zum Würfel-Rechenleistungstest gewertet (s.S. 39ff.), das heißt, eine eventuelle Schwäche in diesem Test kann mit einem besonders guten Ergebnis im Würfel-Rechenleistungstest ausgeglichen werden.

Bei diesem Test werden die Einzeltische, an denen die Testkandidaten sitzen, mit Sichtblenden vorne und an den Seiten versehen. Der Raum wird vollständig verdunkelt. Jeder Teilnehmer bekommt einen Kopfhörer und eine Tastatur, auf der vier rote Lampen sowie ein grüner und ein roter Knopf zu sehen sind. Beim Test leuchten jeweils 2 Lampen gleichzeitig ca. zweimal pro Sekunde. Ihre Aufgabe besteht darin, bei zwei identischen Lampenkombinationen hintereinander innerhalb einer Sekunde den roten Knopf zu drücken. Ein zu spätes Drücken wird vom Computer nicht mehr angenommen.

Gleichzeitig bekommen Sie über den Kopfhörer endlose Buchstaben-folgen genannt. Hören Sie drei Buchstaben hintereinander, die auf den Laut »e« enden, so müssen Sie innerhalb einer Sekunde den grünen Knopf drücken. Folgende Buchstaben müssen Sie also beachten: B, C, D, E, G, P, T, W.

Während der gesamten Testdauer von einer Stunde ist 10–20mal der Buchstabenknopf und nur 5–10mal der Lampenknopf zu drücken. Versuchen Sie also, möglichst entspannt an den Test heranzugehen. Da der Buchstabenknopf häufiger als der Lampenknopf gedrückt werden muß, sollte Ihr Hauptaugenmerk auf den Buchstaben liegen. Als erschwerend wirkt sich die fast völlige Dunkelheit aus, in der der Test stattfindet. Die roten Lampen erscheinen dadurch um so greller, und es wird mit der Zeit sehr anstrengend, sich die Lampen anzusehen.

Akustischer Englischtest

Dies ist der zweite Englischtest, den das DLR seinen Bewerbern abfordert. Wer schon beim ersten, schriftlichen Test ein gutes Resultat erzielt hat, wird auch mit diesem Test keine Probleme haben.

Der Test gliedert sich in insgesamt drei Teile:

1. Als erstes werden Ihnen über Kopfhörer Zahlen auf englisch vorgelesen. Diese sollen Sie dann auf einem Antwortbogen notieren.

2. Danach werden Ihnen – auch über Kopfhörer – englische Vokabeln vorgelesen, die Sie ins Deutsche übersetzen sollen. Es genügt jeweils *eine* Bedeutung der entsprechenden Vokabel. Wie schon beim schriftlichen Englischtest ist solides Schulwissen von Vorteil.

3. Nun werden Ihnen noch mal Wörter auf englisch vorgelesen, zu denen Ihnen, ebenfalls auf englisch, eine Auswahl potentieller Synonyme bzw. inhaltlich verwandter Wörter angeboten wird. Den Ihrer Meinung nach richtigen zugehörigen Lösungsbuchstaben a, b oder c müssen Sie auf einem Extrablatt notieren. Die Wörter sind im übrigen identisch mit den im ersten Teil des schriftlichen Englischtests aufgeführten (s. S. 15 ff.).

Versuchen Sie nun, die folgenden Übungsaufgaben zu lösen. Damit Sie nicht immer einen Helfer bemühen und sich umständlich die Lösung notieren müssen, haben wir Ihnen die Aufgaben in Tabellenform mit Lösungsfeld zusammengestellt. Können Sie auf einen Helfer zurückgreifen, so sollte dieser Ihnen die jeweiligen Wörter/Zahlen vorlesen, die Sie dann auf einem Extrablatt notieren. Wenn Sie alleine arbeiten, versuchen Sie, so schnell wie möglich zu sein. Auch der Helfer sollte Ihnen lediglich genug Zeit geben, die Lösungen aufzuschreiben, aber ein konstantes Tempo beibehalten. Es versteht sich von selbst, daß die Zeit zum Notieren der Zahlen und richtigen Lösungen a, b oder c kürzer bemessen sein muß als zum Übersetzen der Wörter ins Deutsche.

Übungsaufgaben

1. Teil

Auf englisch genannte Zahlen	Zahlenwert
twenty-three	
one thousand	
twenty-nine	
seventy-eight	
one hundred and fourty-four	
two thousand one hundred and eight	
nine hundred and ninety-nine	
sixty-five	
two million four hundred	
twenty thousand nine hundred and nine	
ten	
seventy-one	
two hundred and fourty-three	
thirteen	
twenty	
eighty-six	
three hundred and twenty-one	
four hundred and fourty-two	
five hundred and nine	
twelve	

2. Teil

Auf englisch genannte Wörter	Deutsche Übersetzung	Auf englisch genannte Wörter	Deutsche Übersetzung
car		runway	
feet		alarm	
clearance		jittery	
altitude		counterpoise	
arrival		icebound	
descent		rehearse	
emergency		early	

Auf englisch genannte Wörter	Deutsche Übersetzung	Auf englisch genannte Wörter	Deutsche Übersetzung
spread		deaf	
zero		evidence	
permit		deny	
interest		recently	
bullet		acquire	
lover		pretend	
stair		overcrowded	
hawk		savage	
encouragement		citizen	
locker		astonish	
weird		examine	
untidy		abroad	
message		delay	
graceful		several	
relief		plentiful	
naughty		excited	
epicure		enraged	
eiderdown		immediately	
plump		eventually	
rule		indeed	
fate		courage	
fortune		influence	
slight		survive	
victim		regret	
score		reinforce	
event		gap	
among		schedule	
subject		successor	
framework		seldom	
pin		obey	
ill		nevertheless	
smooth		stamp	
task		pure	
yard		adjust	
barn		delight	
flag		peanut	
chat		invite	

$\longrightarrow$

3. Teil

1. aft | a) afore | b) backward | c) bevel

2. ajar | a) cosed | b) half open | c) open

3. ascertain | a) find | b) investigate | c) determine

4. impervious | a) impenetrable | b) impermanent | c) impertinent

5. defiant | a) defery | b) defunct | c) defy

6. angry | a) angina | b) angle | c) furious

7. gravy | a) graveyard | b) grease | c) sauce

8. succeed | a) suicide | b) success | c) follow

9. suit | a) dress | b) suite | c) sweet

10. reimburse | a) indemnify | b) return | c) hand back

11. to think | a) to believe | b) to suspect | c) to remark

12. pretty | a) weird | b) tremble | c) graceful

13. to invade | a) to inhabit | b) to join | c) to conquer

14. to habit | a) to rabbit | b) to settle | c) to chase

15. security | a) separate | b) safety | c) vice versa

16. sufficient | a) enough | b) plenty | c) nod

17. fault | a) mistake | b) pile | c) resemble

18. much | a) mutch | b) less | c) plenty

19. hostile | a) revenge | b) unfriendly | c) forgive

20. brief | a) concise | b) skill | c) praise

21. fervent | a) ardent | b) riot | c) unite

22. hazardous | a) noisy | b) dangerous | c) scream

23. immense | a) false | b) tremendous | c) decay

24. valour | a) retreat | b) scarpe | c) courage

25. fantastic   a) imaginary   b) repudiate   c) hidden

26. attractive   a) rough   b) affirm   c) magnetic

27. odd   a) certain   b) rise   c) strange

28. redundant   a) superfluous   b) birthday   c) valour

29. tiny   a) gigantic   b) minute   c) bless

30. perhaps   a) dry   b) possibly   c) ardent

31. clemency   a) accomplish   b) raise   c) mercy

32. proclaim   a) declare   b) concise   c) primitive

33. increase   a) intensify   b) reckless   c) mixed

34. exhibit   a) lessen   b) theory   c) display

35. inevitable   a) uncertain   b) happy   c) cruelty

36. mainly   a) optimistic   b) chiefly   c) silent

37. scare   a) scream   b) frighten   c) split

38. quickly   a) energetic   b) rapidly   c) strange

39. reproach   a) scold   b) row   c) forged

40. rude   a) prohibition   b) corporal   c) impolite

41. settle   a) tie   b) loosen   c) fix

42. decay   a) deterioration   b) valour   c) borrow

43. honest   a) fill   b) sincere   c) uncertain

44. tremendous   a) enormous   b) wait   c) scold

45. enormous   a) authentic   b) gigantic   c) portentous

46. mobile   a) worthless   b) reck   c) changeable

47. abandon   a) forsake   b) deterioration   c) reproach

48. authentic   a) apathic   b) genuine   c) toil

49. annul   a) physical   b) split   c) abolish

50. riotous   a) violent   b) noisy   c) helpful

→

51. nomadic	a) migratory	b) alien	c) different
52. practise	a) succeed	b) enjoy	c) exercise
53. enlarge	a) mistake	b) try	c) amplify
54. ominous	a) space	b) unite	c) portentous
55. odd	a) eccentric	b) curse	c) random
56. attentive	a) affective	b) watchful	c) intensify
57. perilous	a) inside out	b) dangerous	c) sauce
58. horror	a) alien	b) mum	c) dismay
59. obscure	a) heart	b) join	c) mysterious
60. arrogant	a) haughty	b) upper class	c) noisy
61. achieve	a) eccentric	b) accomplish	c) nomadic
62. mad	a) attain	b) insane	c) genuine
63. plain	a) sincere	b) simple	c) tarnish
64. uproar	a) ardent	b) turbid	c) tumult
65. modern	a) talking	b) courage	c) up-to-date

Lösungen siehe Seite 142

Flugwissentest

Bei diesem Test soll bereits vorhandenes fliegerisches Wissen abgeprüft werden. Der Flugwissentest ist nach dem Multiple-Choice-Verfahren gestaltet, d.h. es ist pro Frage immer nur eine Antwort anzukreuzen. Bei Unsicherheiten empfiehlt es sich, nach dem Ausschluß-Verfahren vorzugehen, also die Antworten auszuschließen, die garantiert nicht richtig sind, und zu versuchen, aus den verbleibenden Antworten die richtige zu erraten. Die Zeit ist für diesen Test mehr als ausreichend, Sie können also in Ruhe arbeiten.

Versuchen Sie nun, die folgenden Übungsaufgaben zu lösen.

Übungsaufgaben

1. Was bedeutet »Overwing exit«?
   a) Personaltoilette
   b) spezielle Rollbahn
   c) Notausgang über die Tragfläche
   d) Hinterausgang

2. Was bedeutet »Pic«?
   a) ein technischer Ausdruck
   b) Bezeichnung für eine besondere Gefahrensituation
   c) Zwischenlandung zum Auftanken
   d) Bezeichnung für den verantwortlichen Piloten im Cockpit

3. Worum geht es beim INS?
   a) spezielles Navigationssystem
   b) isländische Fluggesellschaft
   c) Einrichtung zum Brandschutz
   d) Transportnorm auf internationalen Flügen

4. Was versteht man unter »Rerouting«?
   a) Abschnitt der Pilotenprüfung
   b) Teil der Berechnung des Kerosinverbrauches
   c) Änderung der geplanten Streckenführung
   d) flugtechnische Maßnahme zur Verringerung der Flughöhe

$\longrightarrow$

5. Was ist ein »Taxiway«?
   a) Zufahrtstraße für Taxis zum Flughafen
   b) Landebahn
   c) Startbahn
   d) Rollbahn

6. Was ist »Reverse«?
   a) Flugstreckenänderung
   b) Austausch der Besatzung
   c) Bezeichnung für Rückflug
   d) Umkehrschub

7. Was versteht man unter dem Begriff »Mayday«?
   a) einen schönen Maientag
   b) alte englische Bezeichnung für den Tag der Arbeit
   c) Notsignal
   d) andere Bezeichnung für Charterflug

8. Wofür steht »LBA«?
   a) Luftfahrtbundesamt
   b) Luxemburgische British Airways
   c) Landebahn-Anrollweg
   d) Luftfahrt-Beförderungsanweisungen

9. Die APU ist ...
   a) ein System zur Überwachung der Geschwindigkeit
   b) ein Radarsystem, welches bei der Flugsicherung
      zum Einsatz kommt
   c) ein Turbinenwerk, das Strom und Preßluft
      zum Anlassen der Triebwerke erzeugt
   d) ein Notlandesystem

10. Was versteht man unter »Windscherung«?
    a) Luftstrom, der durch die Turbinen erzeugt wird
    b) Spaltung des Windes beim Umströmen des Flugzeugs
    c) Windrichtungsänderung
    d) Messung der Windgeschwindigkeit

11. Die Machzahl wird wie folgt berechnet:
    a) Geschwindigkeit durch die Luft : Schallgeschwindigkeit
    b) Geschwindigkeit durch die Luft : Schallgeschwindigkeit x 1,2
    c) Schallgeschwindigkeit : Geschwindigkeit durch die Luft
    d) Schallgeschwindigkeit : Geschwindigkeit durch die Luft x 1,2

12. Was ist ILS?
    a) System, mit dem man nach Instrumenten landen kann
    b) isländische Fluggesellschaft
    c) Notausstieg im Heck eines Flugzeugs
    d) Steuereinheit für die Querruder

13. Welche Funktion hat das Querruder am Flugzeug?
    a) Drehungen um die Horizontalachse erzeugen
    b) Drehungen um die Längsachse erzeugen
    c) nach links oder rechts lenken
    d) keine Antwort ist richtig

14. Was versteht man unter ADF?
    a) automatisches Warngerät vor Kollisionen
    b) automatische Auslösung der Notrutschen bei Notlandungen
    c) automatisches Warngerät bei plötzlichem Höhenabfall
    d) automatisches Peilgerät (zur Navigation)

15. Wofür wird TCAS benutzt?
    a) zur Navigation
    b) bei der Landung, um sich am Leitstrahl zu orientieren
    c) um Kollisionen in der Luft zu vermeiden
    d) als zusätzliche Schubkraft beim Start

16. Was ist ein »Runway«?
    a) Laufpiste für die Passagiere zum ein- und aussteigen
    b) Start-/Landebahn
    c) Piste, die bei Notlandungen benutzt wird
    d) Notausgang im Flughafen

→

17. Was ist ein CFIT?
    a) körperliches Trainingsprogramm für Piloten
    b) Gegenteil von TCAS
    c) kontrollierter Flug ins Gelände (controlled flight into terrain)
    d) Gerät zur Stabilisierung eines Flugzeugs bei starkem Trudeln

18. Was wird als »Rotation« bezeichnet?
    a) Kehrtwende eines Flugzeugs in der Flugrichtung um 180°
    b) Wechsel der Pilotenbesatzung
    c) Flugübung beim Kunstflug
    d) Moment, in dem beim Start das Bugrad abhebt

19. Was ist »gieren«?
    a) Flatterbewegungen eines Flugzeugs bei starkem Wind
    b) plötzliches Abfallen eines Flugzeugs in der Höhe
    c) Drehung des Flugzeugs um die Hochachse
    d) Trudelbewegungen bei zu schnellem Starten

20. Was ist ein GPWS?
    a) Satellitennavigationssystem
    b) Bodenannäherungswarnsystem
    c) Warnsystem vor Zusammenstößen in der Luft
    d) Raketenwarnsystem der militärischen Luftfahrt

21. Was ist ein »Transponder«?
    a) Radarantwortgerät
    b) Spannungswandler von Wechsel- in Gleichstrom
    c) Flugschreiber
    d) Gerät zur Berechnung des Spritverbrauches beim Fliegen

22. Was sind die Landelichter?
    a) Begrenzungslichter der Landebahn
    b) Bodenscheinwerfer zur Beleuchtung der Landebahn
    c) Lichter am Flugzeug zur Beleuchtung der Landebahn
    d) Blinklichter an einem Hubschrauber zur Warnung bei Punkt-
       landungen

23. (Ein) Spoiler ...
   a) sind Klappen an den Tragflächen, mit denen der Auftrieb
      vermindert wird
   b) sind Klappen an den Tragflächen, mit denen der Abtrieb
      vermindert wird
   c) ist ein starres Stabilisationssystem, welches sich am Bug
      des Flugzeugs befindet
   d) verhindert ungewollte Pendelbewegungen um die Längsachse

24. Was versteht man unter »Elevation«?
   a) die Entwicklung der Technik in der Fluggeschichte
   b) aktuelle Position eines Flugzeugs
   c) Verein der Piloten zur Kontrolle der Flugsicherheit
   d) Höhe eines bestimmten Punktes über dem Meeresspiegel

25. Die ICAO ist ...
   a) ein internationales Gremium aller Pilotenvereinigungen
   b) eine internationale Zivilluftfahrtorganisation
   c) eine Organisation zur Verbesserung/Optimierung der
      Flugsicherheit
   d) eine Flugschule für Militärflieger

Lösungen siehe Seite 144

Psychologischer Fragentest /
Interessentest

Dieser Test ist zum Großteil mit »Ja«/»Nein« bzw. »stimmt«/»teils-teils«/
»stimmt nicht« zu beantworten. Teilweise wird er auch mit Intelligenztest-
Fragen vermischt. Die Zeit ist knapp bemessen, damit der Testkandidat
möglichst spontan antwortet. Falls jemand nicht rechtzeitig fertig wird,
muß er in der Pause weiterarbeiten.

Insgesamt erwarten Sie gleich zwei dieser psychologischen Tests: einer,
der auch als solcher ausgegeben wird, und ein weiterer, der als Interessentest definiert ist. Unterschiede gibt es nur im Detail. Zum ersten Ken-
nenlernen haben wir Ihnen hier eine Palette möglicher Fragen aus beiden
Tests zusammengestellt.

Wichtig ist, daß es bei der Beurteilung der Testaussagen kein »richtig-
falsch«-Muster gibt. Auch ist zu beachten, daß man sich in seinen Aussagen nicht widerspricht oder zuviel »teils-teils« ankreuzt. In beiden Fällen
wirkt man um so unglaubwürdiger, je häufiger dies der Fall ist.

Beurteilen Sie die folgenden Testaussagen möglichst spontan und ehrlich,
und bewerten Sie dann Ihre Antworten anhand der Erläuterungen auf
den Seiten 57–60.

Übungsaufgaben

1. Ich wäre lieber Förster als Lehrer
   a) stimmt
   b) teils-teils
   c) stimmt nicht

2. Wenn der Himmel unten ist und der Winter heiß,
   dann ist auch ein Verbrecher
   a) ein Heiliger
   b) eine Wolke
   c) ein Gangster

3. Wenn ich zu Bett gehe, schlafe ich schnell ein
   a) stimmt
   b) teils-teils
   c) stimmt nicht

4. Wenn ich von einer Verkäuferin nicht so bedient werde,
   wie ich es mir wünsche, gehe ich ohne zu zögern zum
   Abteilungsleiter
   a) stimmt
   b) teils-teils
   c) stimmt nicht

5. Ich kenne bei mir ein starkes Verlangen nach Abenteuer
   a) stimmt
   b) teils-teils
   c) stimmt nicht

6. Wenn ich mit einer Grippe im Bett liege,
   a) erlebe ich dies als eine Art Urlaub
   b) macht mich das besorgt, weil ich nicht arbeiten kann
   c) teils-teils

7. Bei Partys mich unter fremde Leute zu mischen, fällt mir
   a) leicht
   b) schwer
   c) teils-teils

8. Die Schönheit eines Gedichtes bewundere ich mehr
   als die Technik eines Computers
   a) stimmt
   b) teils-teils
   c) stimmt nicht

9. Nur die Angst vor Strafe hält die meisten Menschen
   davon ab, sich kriminell zu betätigen
   a) stimmt
   b) teils-teils
   c) stimmt nicht

10. Meine Devise:
    a) anfangen und probieren, wird schon schiefgehen
    b) teils-teils
    c) erst mal nachdenken, bloß keinen Fehler machen

→

11. Die nationale Verteidigungsmacht zu stärken, halte ich für klüger, als sich nur auf die internationale Verständigungsbereitschaft zu verlassen
    a) stimmt
    b) teils-teils
    c) stimmt nicht

12. Wenn ich mir Gedanken über einen unglücklichen Vorfall mache, schlafe ich schwerer ein
    a) stimmt
    b) teils-teils
    c) stimmt nicht

13. Über die Möglichkeiten, wie man unsere Welt verändern müßte, damit sie besser funktioniert, denke ich gerne nach
    a) stimmt
    b) teils-teils
    c) stimmt nicht

14. Mein Bürozimmer möchte ich mit niemandem teilen
    a) stimmt
    b) teils-teils
    c) stimmt nicht

15. Viele Menschen denken, daß meine Ansichten über Politik und Gesellschaft außergewöhnlich sind
    a) stimmt
    b) teils-teils
    c) stimmt nicht

16. Bei einem Test oder einer Prüfung bin ich vorher
    a) angespannt
    b) teils-teils
    c) ganz gelassen

Testhintergrund

Nachdem Sie alle Testaussagen wahrheitsgemäß beurteilt haben, finden Sie nun auf den folgenden Seiten die Erläuterungen zu den jeweiligen Antworten, damit Sie ein Gespür für die Intention der jeweiligen Testaussage bekommen. Achten Sie beim Test darauf, sich nicht zu widersprechen. Haben Sie sich die Hintergründe der Testaussagen durchgelesen, versuchen Sie bitte als nächstes, alle Testaussagen noch mal – jetzt im Sinne der wahrscheinlich vom DLR angewandten Beurteilungskriterien – zu beantworten. Überlegen Sie sich, wie wohl der ideale Pilot, Fluglotse, Bordmechaniker, Astronaut o. ä. aussehen könnte. Ist ein Pilot eher wagemutig und liebt das Abenteuer? Oder sollte er aus Rücksicht auf seine 247 Passagiere eher für einen sehr sicheren und ruhigen Flug sorgen? Die Möglichkeiten, derartige Persönlichkeitsmerkmale in einem psychologischen Fragentest abzufragen, sind allerdings fast unmöglich.

Es ist durchaus denkbar, daß Ihre Antworten beim psychologischen Fragentest wie auch beim Interessentest sowohl miteinander als auch mit Ihren bereits zu Hause handschriftlich gegebenen Antworten auf die zehn Fragen (s. S. 11) verglichen werden. Wollen Sie diese Art Test noch intensiver üben, so empfehlen wir Ihnen das Buch *Testtraining 2000* (s. S. 157), erschienen im Eichborn Verlag.

Testaussagen	in den Dimensionen	Persönlichkeitsmerkmale
1. Ich wäre lieber Förster als Lehrer a) stimmt b) teils-teils c) stimmt nicht	von eher kühl und reserviert bis aufgeschlossen und warmherzig	Sachbezogenheit gegenüber Kontaktorientiertheit
2. Wenn der Himmel unten ist und der Winter heiß, dann ist auch ein Verbrecher a) ein Heiliger b) eine Wolke c) ein Gangster	von weniger intelligent bis deutlich intelligent	konkretes, eher langsames Denken gegenüber abstraktem und logischem Denkvermögen

Testaussagen	in den Dimensionen	Persönlichkeitsmerkmale
3. Wenn ich zu Bett gehe, schlafe ich meist schnell ein a) stimmt b) teils-teils c) stimmt nicht	von sich leicht beunruhigen lassen bis stabil und gelassen bleiben	emotionale Störanfälligkeit gegenüber emotionaler Stabilität
4. Wenn ich von einer Verkäuferin nicht so bedient werde, wie ich es mir wünsche, gehe ich ohne zu zögern zum Abteilungsleiter a) stimmt b) teils-teils c) stimmt nicht	von sich anpassen und unterordnen bis selbstbewußt und unnachgiebig auftreten	soziale Anpassung und Unterwürfigkeit gegenüber Selbstbehauptung und Dominanz
5. Ich kenne bei mir ein starkes Verlangen nach Abenteuer a) stimmt b) teils-teils c) stimmt nicht	von schnell, wach, enthusiastisch, sorglos bis ernsthaft und nachdenklich	Begeisterungsfähigkeit gegenüber Ausdrucksarmut und Besonnenheit
6. Wenn ich mit einer Grippe im Bett liege, a) erlebe ich dies als eine Art Urlaub b) macht mich das besorgt, weil ich nicht arbeiten kann c) teils-teils	von ungezwungen und unordentlich bis ordnungsliebend und gewissenhaft	Flexibilität oder auch Über-Ich-(Gewissens-) Schwäche gegenüber Pflichtbewußtsein, einem starken, kontrollierenden Gewissen
7. Bei Partys mich unter fremde Leute zu mischen, fällt mir a) leicht b) schwer c) teils-teils	von gehemmt, zurückhaltend und vorsichtig bis aktiv, ungehemmt, sorglos	Zurückhaltung und soziale Scheu gegenüber Initiative und Selbstsicherheit

Testaussagen	in den Dimensionen	Persönlichkeitsmerkmale
8. Die Schönheit eines Gedichtes bewundere ich mehr als die Technik eines Computers a) stimmt b) teils-teils c) stimmt nicht	von realistisch, rücksichtslos bis intuitiv, sensibel	Grobschlächtigkeit und Robustheit gegenüber Feinfühligkeit, Sensibilität
9. Nur die Angst vor Strafe hält die meisten Menschen davon ab, sich kriminell zu betätigen a) stimmt b) teils-teils c) stimmt nicht	von vertrauensvoll, tolerant, vergebend bis skeptisch, kritische Haltung bewahrend, offen mißtrauisch	Vertrauensbereitschaft und Vertrauensseligkeit gegenüber Argwohn und skeptischer Haltung
10. Meine Devise: a) anfangen und probieren, wird schon schiefgehen b) teils-teils c) erst mal nachdenken, bloß keinen Fehler machen	von konventionell und bedacht, das Richtige zu tun, bis bereit, vom Üblichen abzuweichen, unbekümmert, was andere davon halten	Nüchternheit, Pragmatismus gegenüber Unbekümmertheit, Unkonventionalität
11. Die nationale Verteidigungsmacht zu stärken, halte ich für klüger, als sich nur auf die internationale Verständigungsbereitschaft zu verlassen a) stimmt b) teils-teils c) stimmt nicht	von natürlich, unkompliziert und direkt bis überlegt, diplomatisch, kultiviert, berechnend, ausgekocht	Unbefangenheit und Offenheit gegenüber Scharfsinn und Überlegtheit

Testaussagen	in den Dimensionen	Persönlichkeitsmerkmale
12. Wenn ich mir Gedanken über einen unglücklichen Vorfall mache, schlafe ich schwerer ein a) stimmt b) teils-teils c) stimmt nicht	von unbekümmert und schwer zu beeindrucken bis sorgenvoll und leicht zu entmutigen	Zuversicht und Selbstvertrauen gegenüber Besorgtheit
13. Über die Möglichkeiten, wie man unsere Welt verändern müßte, damit sie besser funktioniert, denke ich gerne nach a) stimmt b) teils-teils c) stimmt nicht	von Beständigkeit und Risikovermeidung bis zur Bereitschaft zu widersprechen, zu verändern, Risiken einzugehen	konservative Haltung und Sicherheitsinteresse gegenüber Veränderungsbereitschaft bis hin zu Radikalismus
14. Mein Bürozimmer möchte ich mit niemandem teilen a) stimmt b) teils-teils c) stimmt nicht	von konform und bereit, sich anderen anzuschließen, bis zum Einzelgängertum, eigenbrötlerischen Verhalten	Gruppenabhängigkeit gegenüber Eigenständigkeit
15. Viele Menschen denken, daß meine Ansichten über Politik und Gesellschaft außergewöhnlich sind a) stimmt b) teils-teils c) stimmt nicht	von spontan, unbeherrscht bis diszipliniert, zielstrebig, zwanghaft	Mangel an Willenskontrolle, Spontaneität gegenüber Selbstkontrolle
16. Bei einem Test oder einer Prüfung bin ich vorher a) angespannt b) teils-teils c) ganz gelassen	von locker, entspannt bis ehrgeizig, nervös, gefrustet	innere Ruhe und Ausgeglichenheit gegenüber Angespanntheit

Rechentest

Der Rechentest beim DLR gestaltet sich sehr ausführlich. Überwiegend werden Sie Textaufgaben vorfinden, die sich zumeist gut in der vorgegebenen Zeit lösen lassen. Als schwieriger werden jene Aufgaben empfunden, bei denen Formeln zu beweisen bzw. herzuleiten sind. Schriftliche Nebenrechnungen sind erlaubt und werden angeblich auch nicht gewertet. Trotzdem sollen Sie auf jedes Blatt Ihren Namen schreiben … Achten Sie darauf, daß Sie zum Schluß nicht nur sauber eingetragene Lösungen, sondern auch ein sauber geführtes Nebenrechnungsblatt abgeben. Können Sie die Aufgaben im Kopf lösen, so sollten Sie dies tun, solange Sie sicher sind, sich nicht zu verrechnen. Die Aufgaben sind vom Schwierigkeitsgrad her sehr unterschiedlich. Die Benutzung eines Taschenrechners ist verboten.

Versuchen Sie, die folgenden 54 Aufgaben in 90 Minuten zu lösen. Das ist auch ungefähr die Zeit, die Sie beim DLR zur Verfügung gestellt bekommen.

Übungsaufgaben

1. Teil

1. Ein Motorroller verbraucht 6 Liter Benzin auf 100 km. Wieviel verbraucht er auf 250 km, und wie viele km kann er mit einem 24 Liter fassenden Tank fahren?

2. Ein Malergeselle renoviert ein Zimmer von 18 qm an einem Arbeitstag in 8 Stunden. Der Azubi schafft in der gleichen Zeit nur $1/3$ dieser Arbeitsleistung. Der Meister arbeitet noch schneller als der Geselle und liegt damit 25 Prozent höher in der Arbeitsleistung. Wie hoch ist die Differenz der geleisteten Arbeit (renovierter Raum in qm) zwischen bestem und schlechtestem Ergebnis nach 1½ Arbeitstagen?

3. Ein Händler kauft für 10 500 DM Gewürzpartien. An jeder verkauften Gewürzpartie verdient er 100 DM. Nach Verkauf seines Gesamtbestandes hat er 14 000 DM eingenommen. Wie viele Gewürzpartien hatte er?

$\longrightarrow$

4. Wie groß ist die monatliche Rate für die Bank bei einer jährlichen Zinsbelastung von 9 ½ Prozent für eine Kreditsumme von 150 000 DM?

5. Die Reaktionszeit eines Gefahrgutlastwagenfahrers beträgt eine Sekunde. Wie viele Meter fährt der Fahrer, wenn er mit einer Geschwindigkeit von 96 km/h fährt und plötzlich ein Stauende sieht, bevor er anfängt zu bremsen?

6. Ein Metallrohr von 90 m Länge ist so zu zerschneiden, daß das eine Stück ⅔ der Länge des anderen beträgt. Wie lang ist das kürzere Stück Rohr?

7. Ein Löwe, ein Gepard und eine Hyäne fressen gemeinsam ein Zebra. Der Löwe alleine würde das Zebra in einer Stunde auffressen. Der Gepard bräuchte drei Stunden dafür und die Hyäne sechs. Wieviel Zeit brauchen sie, wenn sie das Zebra zusammen fressen?

8. Zwei Inline-Skater sehen sich zu einem Kurztreffen um 14.55 Uhr. Sie tauschen für 5 Minuten ihre Erfahrungen aus und setzen ihren entgegengesetzten Weg fort. Wie groß ist die Entfernung zwischen ihnen nach 80 Minuten, wenn der eine 12 km, der andere Inline-Skater 7,5 km in der Stunde zurücklegt?

9. Ein rechteckiges Grundstück hat eine Größe von 2 193 qm, bei einer Front von 51 m Länge. Wie breit ist das Grundstück?

10. Ein Drittel dieser Testaufgaben ist leicht, ein Sechstel schwer. Wieviel Prozent der Aufgaben sind weder schwer noch leicht?

11. Eine Maus ist 4 Jahre alt. Nur ¹⁄₂₄ stel hat sie von dieser Zeit außerhalb des Nestes verbracht. Wie viele Monate sind das?

12. Teilt man eine Zahl x durch 3,4 und erhält als Ergebnis 9,2, dann muß die Zahl x wie lauten?

13. Ein Trinkwasservorrat reicht für 12 Personen 16 Tage aus. Wie viele Tage könnten 6 Personen davon trinken?

14. Eine Steinsetzerfirma benötigt für einen Platz mit 500 qm Fläche Pflastersteine. Die gängige Größe der Steine beträgt 10 x 20 cm. Wie viele Steine müssen bestellt werden?

15. Die Maße eines Hohlraumes betragen 4 m Länge, 20 cm Breite und 15 cm Höhe. Wieviel Kubikdezimeter hat der Hohlraum?

16. Bei einem Ehepaar beträgt der Altersunterschied zwischen den beiden Partnern 5 Jahre. Das Lebensalter der beiden addiert beträgt 75 Jahre. Wie alt ist der ältere Partner?

17. Eine Erbschaft von 52 000 DM soll unter zwei Erben so verteilt werden, daß der jüngere Erbe einen dreimal so großen Erbteil wie der ältere Erbe bekommt. Wie groß ist der kleinere Erbteil in DM?

18. Ein Lottogewinn von 576 000 DM soll im Verhältnis 4:5 aufgeteilt werden. Wie groß ist der kleinere Gewinn?

19. Von 30 Testaufgaben haben Sie 18 richtig. Wieviel Prozent sind das?

20. Wenn von 100 geborenen Kindern 63 Jungen sind, wie viele Prozent Mädchen wurden geboren?

21. Wenn man aus einem Liter Vollmilch 3 % Fett gewinnen kann, wieviel kg Milch werden dann benötigt, um 1,5 kg Fett zu gewinnen?

22. Ein Schreibwarenhändler verkauft Schreibhefte. Für zwei verlangt er soviel, wie ihn drei gekostet haben. Wie hoch ist der Gewinn in Prozent?

23. Während sich ein großes Zahnrad 36 mal dreht, muß sich ein kleineres 108 mal drehen. Wenn sich das kleinere Zahnrad aber 432 mal gedreht hat, wie viele Male muß sich dann das größere gedreht haben?

24. Ein Bauer exportiert ¾ seiner Kartoffeln ins Nachbardorf und verkauft ⁴⁄₅ des verbleibenden Restes in seinem Heimatdorf. Wieviel Prozent der Produktion bleiben noch übrig?

→

25. Wenn eine Flasche ⁷/₈ gefüllt ist, enthält sie Champagner im Wert von 84 DM. Wie hoch ist der Wert der Flasche, wenn sie nur noch ¹/₂ voll ist?

26. Wenn ein Mädchen 50 Pfennig hat und 15 Pfennig ausgibt, wieviel behält sie übrig?

27. Wieviel Kilometer fährt ein Radrennfahrer in 7 Stunden, wenn er es schafft, konstant 40 km/h zu fahren?

28. 15 Kisten Bananen wiegen 250 kg. Jede leere Kiste wiegt 3 kg. Wieviel wiegen die Bananen?

29. Ein Pferdewirt hat einen Kraftfuttervorrat, der für 7 Pferde 78 Tage reicht. Wieviel Tage reicht der Vorrat für 21 Pferde?

30. Drei Lutscher kosten 5 Pfennig. Wieviel Lutscher kann man für 50 Pfennig kaufen?

31. Ein Läufer kann 1,75 m in ¹/₄ Sekunde laufen. Wieviel Meter kann er in 10 Sekunden laufen?

32. Wenn eine Scheune 15 m südlich von einem Feld steht, und das Feld sich 30 m südlich von einem Haus befindet, wie viele Meter sind es dann von der Scheune zum Haus?

33. Wenn 4,5 m Teppich 90 DM kosten, wieviel Mark kosten dann 2,5 m?

34. Sieben Bauarbeiter können eine Arbeit in 6 Stunden beenden. Wieviel Leute braucht man, um die Arbeit in einer halben Stunde zu beenden?

35. Ein 48 cm langer Eisendraht dehnt sich beim Erwärmen auf 52 cm aus. Wie lang wird ein 72 cm langer Draht beim Erwärmen?

36. In einem Handwerkbetrieb werden 304 Kugelschreiber in 8 Stunden produziert. Wie viele werden in einer halben Stunde produziert?

37. Für eine Legierung nimmt man zwei Teile Silber und drei Teile Gold. Wieviel Gramm Silber braucht man bei der Herstellung von 15 Gramm dieser Legierung?

38. Für je 3 DM, die Thorben hat, hat Tanja 5 DM. Wenn sie zusammen 120 DM haben, wieviel hat dann Tanja davon?

39. Michaela reitet mit ihrem Pferd Candy 60 m, während Yvonne mit ihrem Pferd Dusty 40 m weit reitet. Wie viele Meter reitet Michaela, wenn Yvonne 60 m reitet?

40. Inga hat $\frac{1}{10}$ ihres Geldes für Eis und 4 mal soviel für Süßigkeiten ausgegeben. Sie hat noch 60 Pfennig übrig. Wieviel Pfennige hatte sie vor ihrem Einkauf?

41. In zwei Kisten sind 43 Gläser Gurken verpackt. In einer Kiste sind neun Gläser mehr als in der anderen. Wie viele Gläser Gurken sind in der kleineren Kiste?

42. Eine Rolle Teppich von 60 m Länge soll so geschnitten werden, daß ein Stück $\frac{2}{3}$ der Länge des anderen beträgt. Wie lang ist das kürzere Stück?

43. Wenn ein Bürovorsteher dreimal so alt ist wie die jüngste Azubi-Mitarbeiterin und doppelt so alt wie die dienstälteste Sekretärin und alle drei Personen auf ein Gesamtlebensalter von 88 Jahren zurückblicken können, wie alt ist dann jeder einzelne?

44. In einer Familie hat jeder Sohn dieselbe Anzahl von Schwestern wie Brüdern. Jede Tochter hat aber zweimal so viele Brüder wie Schwestern. Wie viele Töchter und Söhne hat die Familie?

$\longrightarrow$

2. Teil

1. Um einen Kreis mit dem Radius r wird mit 1 kg Farbe ein Streifen gemalt. Wie groß ist die Fläche dieses Streifens?

    a) $\frac{2}{3}\pi \times \frac{D}{r}$
    b) $r^2 \pi \times 1\,kg$
    c) $\frac{1}{2}\pi \times r^2 \times 1\,kg$
    d) keine Lösung ist richtig

    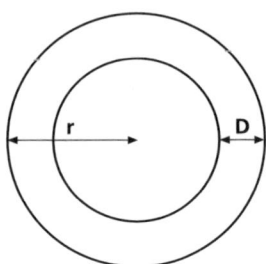

2. Die Reihe $\frac{1}{1} + \frac{1}{2} + \frac{1}{4} + \frac{1}{8}$ wird 10mal fortgesetzt bis $\frac{1}{512}$. Welcher Zahl nähert sich diese Reihe?

3. Wieviel verschiedene Zahlen mit 1, 2, 3, 4 sind möglich?

4. Wieviel Schnittpunkte haben fünf Geraden maximal in einer Ebene?

5. Wie groß ist die Summe der Flächen ABCD und EAFC?

    a) a x b
    b) $\frac{a}{2} \times b^2$
    c) $\frac{2}{3} \times b$
    d) a x $\frac{b}{2}$

    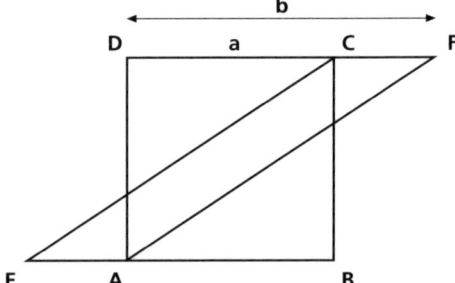

6. Alle Punkte in einem Raum haben zu einer Geraden denselben Abstand. Welcher Körper ergibt sich daraus?

    a) ein Quader
    b) eine Kugel
    c) ein Zylinder

7. Ein Tetraeder aus vier gleichseitigen Dreiecken wird folgendermaßen geschnitten. Die Schnittfläche ist ein:

a) gleichseitiges
b) gleichwinkliges
c) gleichschenkliges
d) rechtwinkliges Dreieck

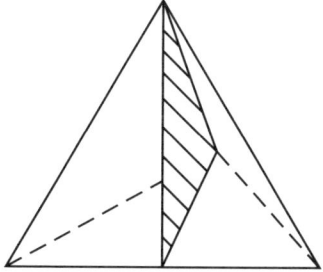

8. Die Gesamtlänge aller Kanten eines Würfels beträgt 60 cm. Der Würfel wiegt 250 g. Wie hoch ist sein spezifisches Gewicht?

9. Ein Würfel mit 150 cm² Oberfläche soll in Würfel mit 1 cm³ Inhalt zerschnitten werden. Wieviel Schnitte sind notwendig?

10. Welche Kante liegt der Kante x gegenüber?

a) z
b) y
c) q
d) v

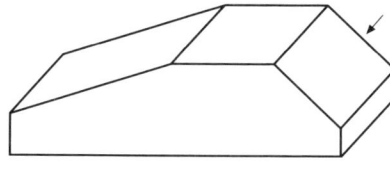
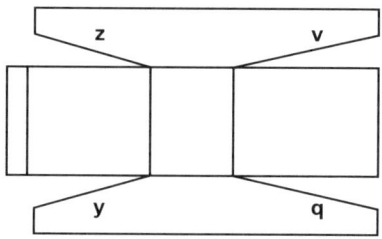

Lösungen siehe Seite 144

Zweidimensionaler Vorstellungstest

Mit diesem Test soll Ihre zweidimensionale Vorstellungskraft beurteilt werden. Er ist das direkte Äquivalent zum Flugzeug-Positionierungstest (s. S. 35 ff.). Haben Sie letzteren unterdurchschnittlich abgeschlossen, so können Sie dieses negative Ergebnis mit dem zweidimensionalen Vorstellungstest – überdurchschnittlich gut abgeschlossen – ausgleichen.

Vor Testbeginn bekommen Sie Kästchenpapier ausgeteilt. Pro Blatt (es sind ca. 3–4) gibt es je sechs Aufgabenfelder. In jedes dieser Aufgabenfelder ist ein Pfeil eingezeichnet, von dessen Zeigerichtung aus verschiedene Anweisungen nachvollzogen werden sollen, die Ihnen per Tonband vorgegeben werden. Pro Anweisung zeichnen Sie ein Kästchen weiter. Zeigt der Pfeil z.B. nach unten (↓) und die Anweisung lautet »rechts«, so müssen Sie ein Kästchen weiter nach *links* zeichnen (das Bild sähe wie folgt aus: ← ↓).

Die besondere Schwierigkeit besteht darin, daß die Ansagegeschwindigkeit zunehmend steigt und Ihnen nicht genügend Zeit bleibt, das Blatt zur Vereinfachung zu drehen. Hier ein Übungsbeispiel zur Verdeutlichung:

Beispielfeld:

Die Anweisungen zum Zeichnen sind folgende:

rechts, geradeaus, rechts, links, links, rechts, links, links, rechts, links

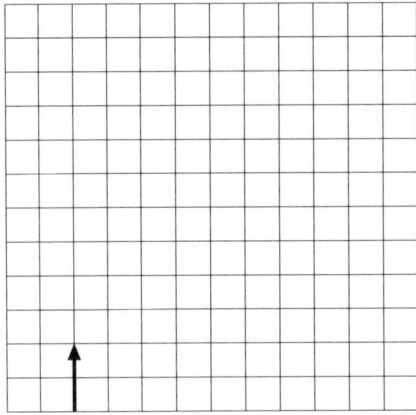

Lösungsfeld:

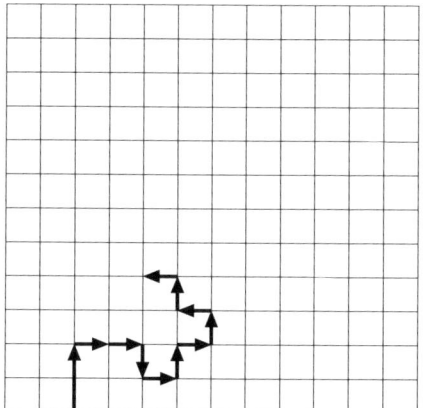

Bearbeiten Sie nun mit einem Helfer die folgenden Aufgaben. Beachten Sie, daß die Ansagegeschwindigkeit zunehmend steigen soll und Sie als »Getesteter« keinesfalls das Blatt drehen dürfen. Randnotizen sind nicht erlaubt. Am Ende der Aufgabenfelder finden Sie weitere Felder als Kopiervorlage für eigene Beispiele.

Übungsaufgaben

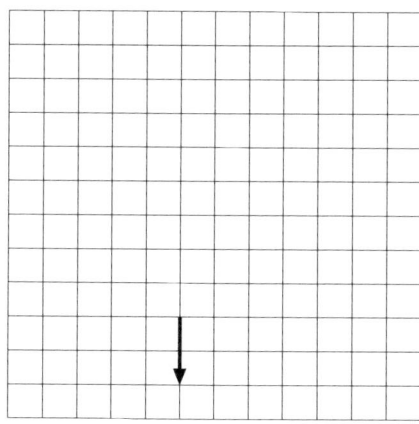

1.
Anweisungen:
links, links, rechts, geradeaus,
links, rechts, rechts, rechts,
links, links

→

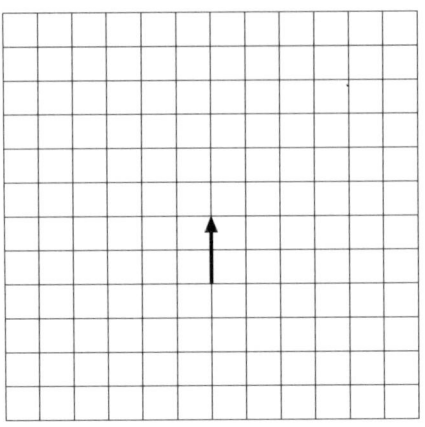

2.

Anweisungen:
links, rechts, rechts, links,
links, geradeaus, geradeaus,
geradeaus, links, rechts

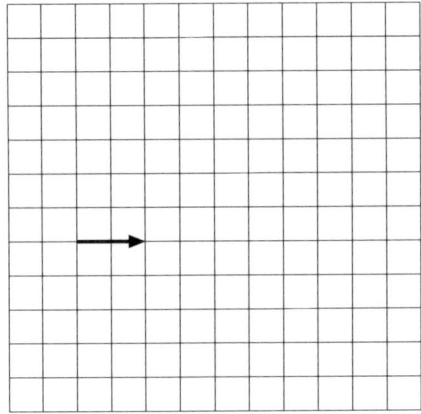

3.

Anweisungen:
links, links, links, geradeaus,
rechts, links, rechts,
geradeaus, links, links

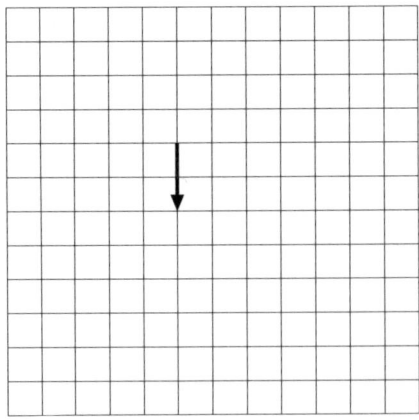

4.

Anweisungen:
geradeaus, geradeaus,
geradeaus, links, rechts,
rechts, geradeaus, rechts,
links, links

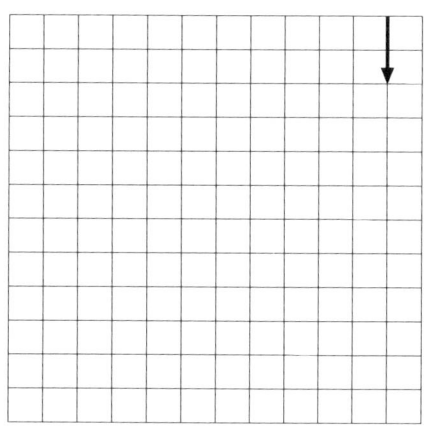

5.
Anweisungen:
geradeaus, links, rechts,
rechts, links, links, rechts,
rechts, links, rechts

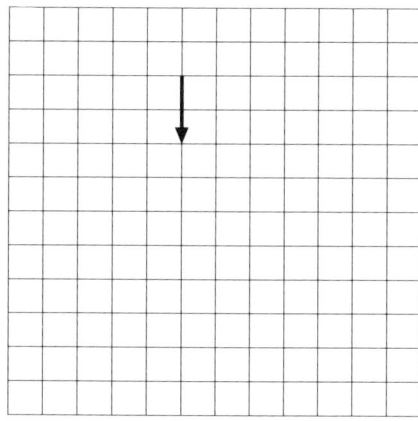

6.
Anweisungen:
links, rechts, links, rechts,
links, rechts, links, rechts,
rechts, links

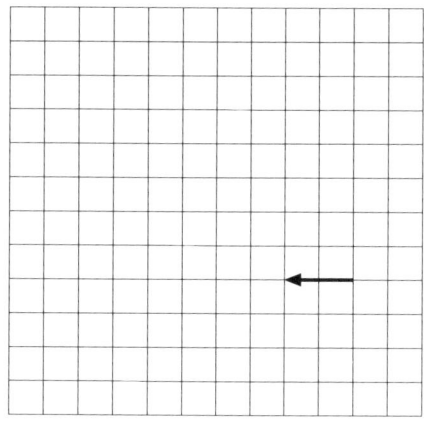

7.
Anweisungen:
geradeaus, links, links, rechts,
geradeaus, links, rechts,
rechts, geradeaus, rechts

$\longrightarrow$

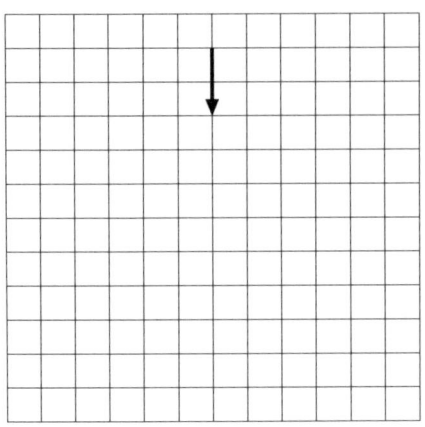

8.
Anweisungen:
links, rechts, rechts, links,
geradeaus, links, rechts,
rechts, geradeaus, rechts

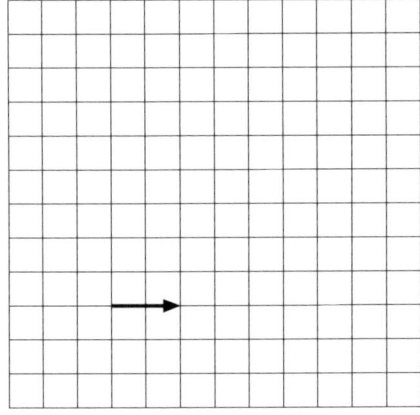

9.
Anweisungen:
geradeaus, links, rechts,
rechts, geradeaus, rechts,
links, geradeaus, links, links

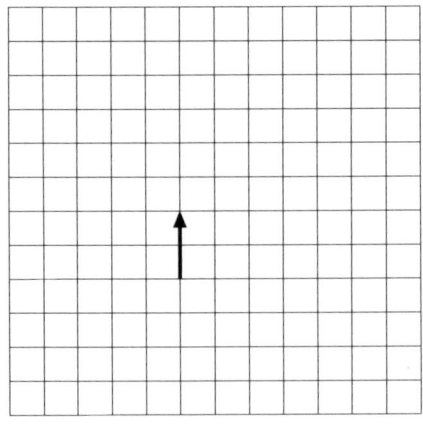

10.
Anweisungen:
links, rechts, geradeaus, links,
rechts, links, rechts, rechts,
geradeaus, geradeaus

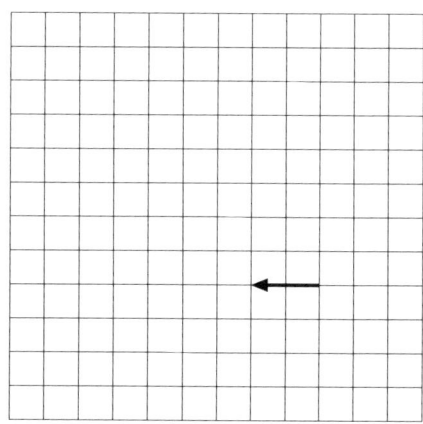

11.
Anweisungen:
rechts, links, links, rechts,
rechts, links, rechts, rechts,
links, rechts

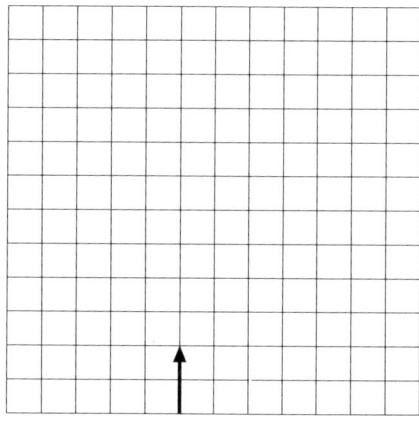

12.
Anweisungen:
links, rechts, geradeaus,
geradeaus, links, geradeaus,
links, links, rechts, rechts

Lösungen siehe Seite 145

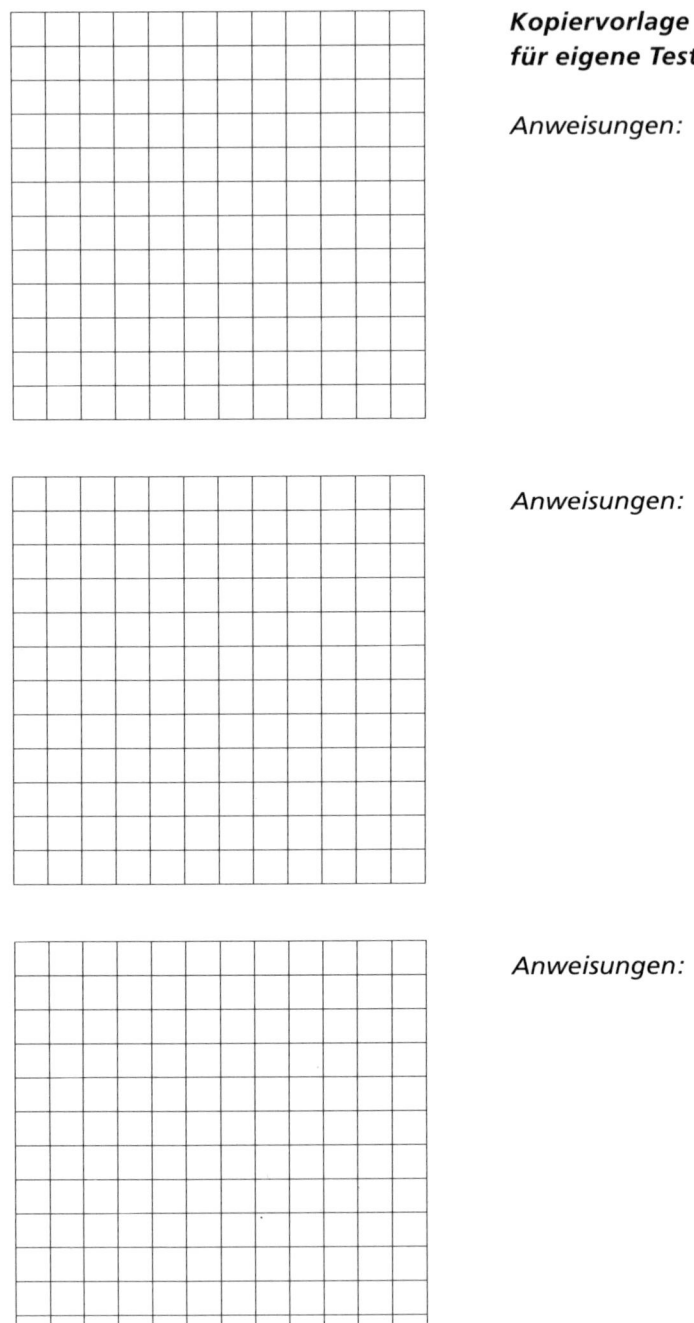

**Kopiervorlage
für eigene Tests**

Anweisungen:

Anweisungen:

Anweisungen:

Kopfrechentest

Der Kopfrechentest wird von vielen Teilnehmern als schwierig, aber durchaus zu schaffen empfunden. Der Test besteht aus ca. 50 Aufgaben, die Lösungszeit variiert je nach Schwierigkeitsgrad. Bereits im Vorfeld sollten Sie intensiv das große Einmaleins wiederholen. Dies spart wertvolle Zeit und beruhigt die Nerven. Sollten Sie eine Aufgabe nicht lösen können, so lassen Sie diese am besten aus. Falsche Lösungen bringen – ähnlich wie beim Test zum technischen Verständnis (s. S. 77 ff.) – unter Umständen Minuspunkte ein. Die mathematische Regel »Punkt vor Strich« ist beim Kopfrechentest außer Kraft gesetzt.

Lassen Sie sich nun die folgenden 50 Übungsaufgaben von einem Helfer vorlesen. Dieser sollte je nach Aufgabenschwierigkeit die Lösungszeit etwas ausdehnen oder verkürzen. Da Sie die Aufgaben beim DLR über Tonband vorgelesen bekommen, sollten Sie diese *nicht* der Einfachheit halber alleine üben. Vorgelesen müssen Sie sich die Aufgaben merken (trainiert auch das Gedächtnis), sehen Sie sie vor sich, so können Sie eventuell einmal errechnete Ergebnisse korrigieren. Diese Möglichkeit gibt es beim DLR nicht.

Übungsaufgaben

1. $1070 + 390$
2. $49 - 56$
3. 56×44
4. $92,5 : 2$
5. 3. Wurzel aus 64
6. $2 + 3 \times 5$
7. $4 \times 3 \times 2 \times 19$
8. $258 : 3$
9. $93 \times 3 \times 12$
10. 12×13
11. $93 + 10 \times 5$
12. 11×13
13. 13×17
14. Wurzel aus 49
15. $47,5 \times 3$
16. $81 - 210 + 500$

$\longrightarrow$

17. 372 : 3
18. 56 x 3 + 13
19. 81 : 9
20. 48 : 6
21. 10 + 3 – 5
22. 19 – 5 + 6 x 3
23. 706 + 105
24. 168 : 8
25. 13 x 13
26. 12 x 12
27. 327 x 5
28. 89 x 2 – 100
29. 509 – 217
30. 22 x 3
31. 84 : 2 – 5
32. 17 x 17
33. 3^3
34. 24^2
35. 89 – 17 x 2
36. 144 : 12
37. 2 x 3 x 4 x 5
38. 13 + 5
39. 13 x 17
40. 11 x 2 – 15
41. 16 : 4
42. 64 : 4
43. 56 x 2
44. 13 x 4
45. 81 : 9
46. 4 x 4 x 4 x 2
47. 100 + 12 – 16
48. 49 + 11 – 56
49. 43 – 56 + 100
50. 23 x 9

Lösungen siehe Seite 147

Technisches Verständnis

Im folgenden Test sollen Sie komplexe Systeme erklären und auf Funktionsfähigkeit und eventuell nötigen Kraftaufwand hin prüfen sowie technische Detailfragen beantworten. Die Tests beim DLR und diejenigen in diesem Buch werden sich nicht sonderlich unterscheiden, so daß Sie mit einiger Übung diesem Prüfungsabschnitt gelassen entgegensehen können.

Aber Achtung: Es ist möglich, daß Ihnen Punkte für Fehler abgezogen werden, also Vorsicht beim Raten.

Für die folgenden 40 Aufgaben haben Sie 15 Minuten Zeit.

Übungsaufgaben

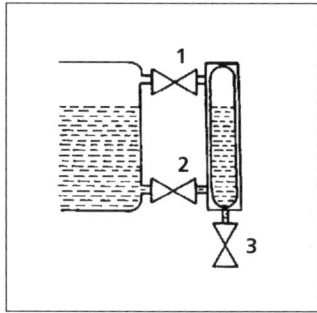

1. Wie leeren Sie die rechte Füllanzeige?
   a) Ventil 1 und 2 werden geschlossen, Ventil 3 geöffnet
   b) Ventil 2 wird geschlossen, Ventil 1 und 3 geöffnet
   c) Alle Ventile werden geöffnet

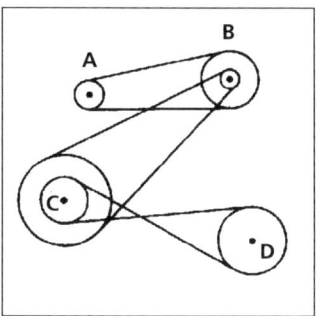

2. Welches der Räder dreht sich am langsamsten: A, B, C oder D?
   a) A
   b) B
   c) C
   d) D

→

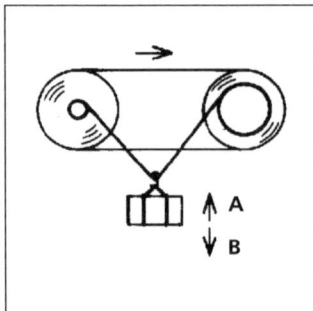

3. Bewegt sich die Kiste oder nicht –
   wenn ja, in welche Richtung?
   a) Richtung A
   b) Richtung B
   c) Sie bewegt sich nicht

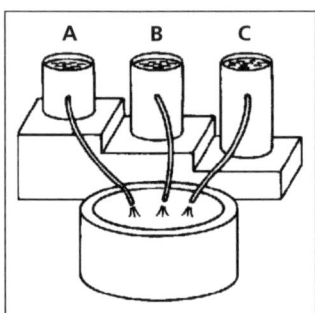

4. Aus drei Dosen wird Wasser abge-
   lassen. Aus welchem Schlauch
   welcher Dose tritt das Wasser mit
   dem größten Druck aus?
   a) Dose A
   b) Dose B
   c) Dose C
   d) Der Druck ist gleich stark

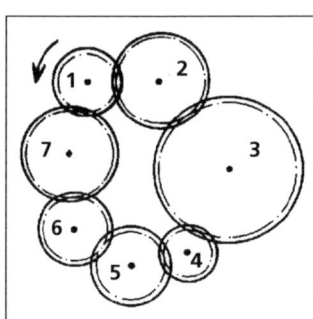

5. Welche der Zahnräder drehen sich
   in die gleiche Richtung wie das
   Zahnrad 1?
   a) 6 und 4
   b) 3 und 5
   c) 1 und 6
   d) Die Zahnräder drehen sich über-
      haupt nicht

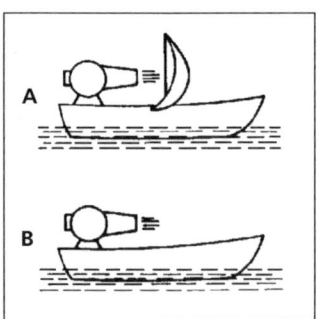

6. Welches der beiden Boote fährt
   vorwärts?
   a) A
   b) B
   c) Keins fährt vorwärts

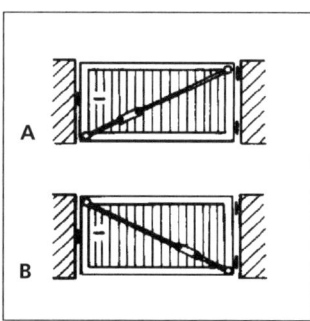

7. Welche der beiden Spannvorrichtun-
   gen ist zweckmäßiger?
   a) A
   b) B
   c) beide gleich

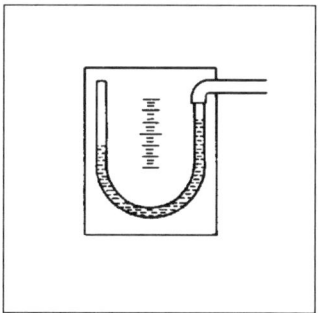

8. Was zeigt das U-Rohr an?
   a) Unterdruck
   b) Überdruck
   c) ein Vakuum

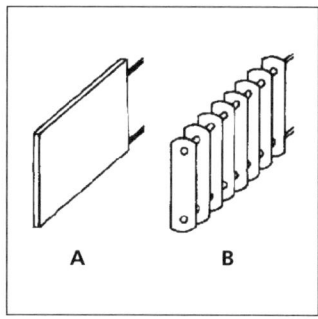

9. Von welchem der beiden Heizkörper
   wird mehr Wärme abgegeben?
   a) Heizkörper A
   b) Heizkörper B
   c) beide gleich

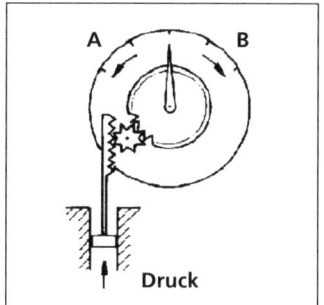

10. In welche Richtung bewegt sich der
    Zeiger, wenn sich der Druck erhöht?
    a) Richtung A
    b) Richtung B
    c) weder noch

→

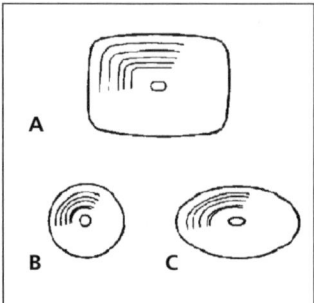

11. Sie sehen drei verschiedene Laut-
    sprecher. Welcher eignet sich am
    besten zum Übertragen von tiefen
    Tönen?
    a) Modell A
    b) Modell B
    c) Modell C

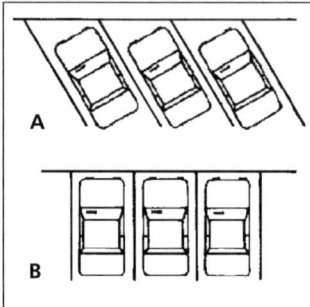

12. Welche Anordnung von Parkmöglich-
    keiten ist auf einer Länge von 100 m
    platzsparender?
    a) A
    b) B
    c) beide gleich

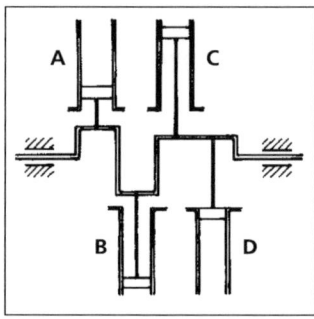

13. Eine Kolbenstellung ist falsch ge-
    zeichnet. Welche?
    a) A
    b) B
    c) C
    d) D

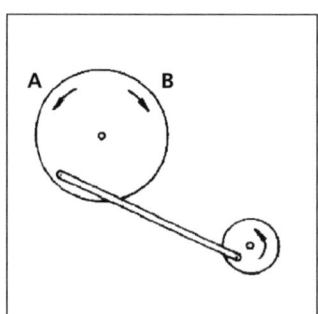

14. Wenn sich das kleine Rad in Pfeilrich-
    tung dreht, bewegt es das große …
    a) in Richtung A
    b) in Richtung B
    c) hin und her

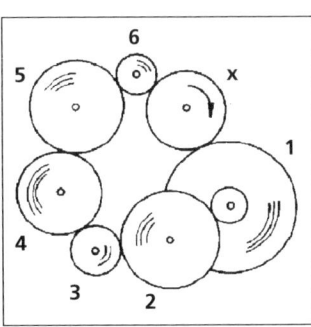

15. Welche der Antriebsräder drehen sich in dieselbe Richtung wie X?
    a) 1 und 2
    b) 3 und 4
    c) 3 und 6
    d) Die Zahnräder können sich nicht drehen

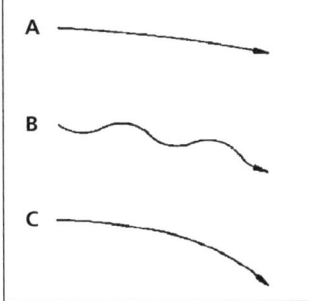

16. Ein Modell-Segelflugzeug ist schwanzlastig. Wie ist seine Flugbahn?
    a) A
    b) B
    c) C

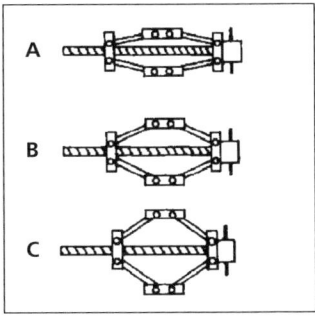

17. Abgebildet sind drei Stellungen eines Wagenhebers. Welche erfordert beim Heben die größte Kraft?
    a) A
    b) B
    c) C

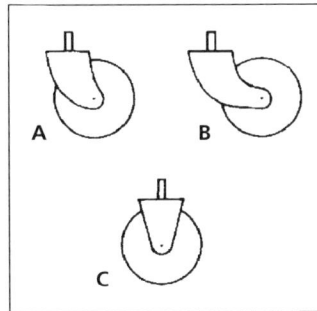

18. Sie sehen drei Entwürfe für Räder eines Drehstuhls. Mit welchem Rad ist der Stuhl am beweglichsten?
    a) A
    b) B
    c) C

→

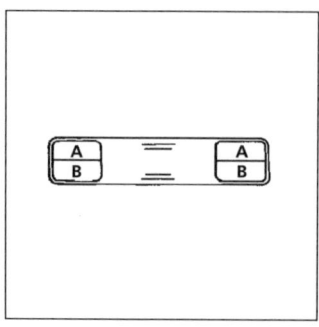

19. Sie sehen zwei Autoscheinwerfer.
    Welche Scheinwerferhälften sind bei
    Abblendlicht heller?
    a) A
    b) B
    c) Beide sind gleich hell

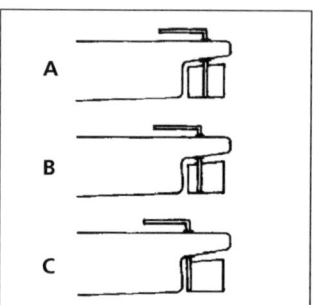

20. Mit welcher Schiffs-Steuereinrichtung
    ist das Schiff leichter zu lenken?
    a) A
    b) B
    c) C

21. Woraus besteht ein Schwingkreis?
    a) Kondensator und Spule
    b) Wechselstromwiderstand und Spule
    c) Kondensator und Gleichstromwiderstand
    d) Transistor und Spule

22. Wovon hängt die Induktivität einer Spule ab?
    a) von der Spannung
    b) vom Widerstand des Drahtes
    c) von der Beschaffenheit des Kernmaterials
    d) vom Durchmesser der Spule

23. Die Kapazität eines Kondensators wird vergrößert.
    Wie verhält sich der Wechselstromwiderstand?
    a) der Wechselstromwiderstand wird größer
    b) der Wechselstromwiderstand wird kleiner
    c) es ändert sich nichts

24. Welche Spannung liegt an einer Autozündkerze an?
    a) 12 V
    b) 15 000 V
    c) 120 V
    d) 24 V

25. Welche Reihenfolge nach spezifischem Gewicht ist die richtige?
    a) Titan, Kupfer, Aluminium, Stahl
    b) Kupfer, Stahl, Titan, Aluminium
    c) Stahl, Kupfer, Titan, Aluminium
    d) Aluminium, Titan, Stahl, Kupfer

26. Die Zeit zwischen Blitz und Donner beträgt 13 Sekunden.
    Wie weit ist das Gewitter entfernt?
    a) ½ km
    b) 12 km
    c) 2 km
    d) 4 km

27. In einem Kettenkarussell sitzen eine schwere und
    eine leichte Person. Wer wird weiter herausgetragen?
    a) beide gleich
    b) die leichte Person
    c) die schwere Person

28. Welches sind die Vorteile des V-Motors gegenüber
    dem Reihenmotor?
    a) mehr Leistung
    b) höheres Drehmoment
    c) kürzere Bauweise
    d) günstigerer Verbrauch

29. Zwei gleiche Pendel werden verschieden weit ausgelenkt.
    Welches der Pendel schwingt schneller?
    a) beide gleich
    b) das weniger weit ausgelenkte
    c) das weiter ausgelenkte

→

30. Wie oft dreht die Kurbelwelle eines 8-Zylinder-4-Takt-Motors, bis alle Zylinder einmal gezündet haben?
    a) 1 Umdrehung
    b) 2 Umdrehungen
    c) 4 Umdrehungen
    d) 8 Umdrehungen

31. Wie viele Ventile hat ein normaler 4-Zylinder-4-Takt-Motor?
    a) 8
    b) 24
    c) 4
    d) 2

32. Ein Großkreis ist ein Kreis auf einer Kugeloberfläche, dessen Mittelpunkt mit dem Kugelmittelpunkt identisch ist. Wie viele Großkreise gibt es?
    a) 360
    b) 1
    c) 180
    d) mehr als 360

33. Welches Bauteil läßt keinen Gleichstrom durch?
    a) Widerstand
    b) Spule
    c) Transistor
    d) Kondensator

34. Welches Bauteil verwandelt AC in DC?
    a) Transistor
    b) Gleichrichterdiode
    c) Spule
    d) Kondensator

35. Wie bewegen sich die Elektronen in einem Leiter?
    a) entgegen der Stromrichtung von – nach +
    b) mit der Stromrichtung von + nach –
    c) ist nicht genau definiert

36. Womit wird ein Bleiakku gefüllt?
   a) Wasser
   b) Verdünnung
   c) Salzsäure
   d) verdünnte Schwefelsäure

37. Ein Wasserrohr hat drei unterschiedlich große Bohrungen.
   Der Druck ist konstant 3 kp/cm².
   Welcher Wasserstrahl reicht am höchsten?
   a) der des kleinsten Loches
   b) der des größten Loches
   c) alle gleich
   d) der des mittleren Loches

38. Welche Strahlen haben die höchste Frequenz?
   a) Röntgenstrahlen
   b) elektrische Wellen
   c) Infrarotstrahlen
   d) technische Strahlen (Rundfunk, Fernsehen)

39. Woraus besteht ein Blitzableiter?
   a) Kupfer
   b) Zinn
   c) Eisen
   d) Aluminium

40. Was ergibt die Reaktion Salzsäure + Lauge?
   a) Wasser und Zucker
   b) Schwefelsäure
   c) Wasser und Salz
   d) Salzsäure

Lösungen siehe Seite 147

Akustischer Merkfähigkeitstest

In diesem Test geht es um das Einprägen von Buchstaben-Ziffern-Kombinationen und dem Vergleich mit ähnlichen Meldungen. Es wird eine Kombination per Tonband vorgelesen, die der Teilnehmer sich merken soll. Danach folgen mehrere Kombinationen, die manchmal ganz und manchmal nur zum Teil mit der ersten Kombination übereinstimmen. Diese Übereinstimmungen sollen vom Teilnehmer herausgefunden und notiert werden. Einige Kombinations-Meldungen werden mit einem Rauschen überspielt, das den Sprechfunk simulieren soll.

Beispiel:

Die zu merkende Kombination lautet »F3 – 4R« und besteht aus 2 Teilen: F3 und 4R

Im folgenden werden ähnliche Meldungen verlesen, die z.B. lauten:
a) F3 – R4   b) F4 – R3   c) F3 – 4R   d) 3F – 4R

Es gibt einen Antwortbogen, auf dem die richtigen Teile wie folgt zu markieren sind:

Bei jedem identischen Teil der Kombination ist das Lösungsfeld schwarz markiert, die falschen Teile bleiben ohne Markierung. Bei a) stimmt nur der erste Teil, bei b) kein Teil, bei c) stimmen beide Teile und bei d) der zweite Teil mit der Ausgangskombination überein.

Für die Übung empfiehlt es sich, einen Helfer zu bitten, die folgenden Beispielaufgaben vorzulesen. Auch eine Programmierung des Computers, z.B. mit Hilfe eines Sound- Blasters und ein einfaches Speichern der Datei im *.wav-Format, bietet sich zur Übung an. Nach dem Vorlesen der Ausgangskombination ist eine ca. 3sekündige Sprechpause einzulegen, nach dem Vorlesen der veränderten Kombinationen jeweils ca. 1 bis 2 Sekunden.

Übungsaufgaben

1. GH-KL-M a) GH-LK-F b) HG-LK-K c) HG-KL-J d) GH-LK-K

2. ZL-J3D-E a) 2LZ-3DJ-D b) 2LZ-J3D-P c) 2ZL-J3D-D d) 2ZL-3DJ-C

3. MHT-MT-H a) MHT-MT-K b) MHD-MT-K c) THM-MH-T d) MHT-LT-T

4. M2L-4JS-J a) ML2-JS4-K b) M2L-4JS-H c) ML2-4JS-H d) M2L-JS4-G

5. BM-WTK-3J a) MN-KTW-3J b) BM-WTK-J9 c) BM-WTH-J3 d) MB-TKW-3J

6. HJ-3JS-GQ a) HJ-3SJ-CQ b) HJ-3JS-CQ c) JH-3SJ-GQ d) JH-3JS-CQ

7. KL-H1-E a) HL-H1-D b) HL-1H-P c) HL-H1-D d) KL-H1-L

8. JZT-HG-OP a) JZT-HG-OB b) JCT-HG-BO c) TCJ-GH-PO d) TZT-HG-OP

9. HJ-64F-A a) JH-64F-A b) HJ-4F6-H c) HJ-F64-A d) HJ-64F-A

10. GZ-KL-ÖD a) GZ-KL-ÖD b) ZG-HL-ÖT c) GZ-KL-ÖP d) GZ-KL-ÖD

11. HG-GK-D a) HG-KH-E b) KG-KH-E c) HG-GH-P d) HG-KG-E

12. JH-KL-G a) JH-KL-E b) JH-KL-D c) JK-KL-K d) JK-HL-L

13. ZC-CG-3 a) SC-CQ-4 b) CZ-CE-2 c) ZC-CG-4 d) CZ-CC-4

14. R3D-KL4-4 a) R2D-KL5-5 b) R3T-KL4-6 c) R3D-KL4-7 d) R3D-KL5-8

15. ZH7-3GJ-3 a) ZH7-3EJ-4 b) ZE3-3GL-2 c) ZH7-3GJ-4 d) CH7-JG3-7

16. GJ-3K-4G a) GJ-3H-4G b) KJ-3K-4G c) GH-4K-G4 d) GH-3H-4G

17. JU-6GK-D a) JU-6GH-E b) KU-6GH-P c) JU-6GK-E d) JK-6GH-G

18. EG-GE-D a) GE-EG-P b) GE-GE-D c) EG-EG-D d) EP-GP-P

19. PE-EG-BD a) PE-EP-DB b) DB-EG-DB c) PE-EG-DB d) PE-EP-BD

20. EF-3LK-A a) EF-3LK-B b) EV-3LH-C c) DF-3KL-D d) EF-3LK-E

21. HG-3BD-1 a) KG-3PD-2 b) GK-PD3-3 c) 3HG-3BD-4 d) UI-3BE-4

22. ED-DE-BP a) ET-DT-BP b) ED-DE-BP c) ET-ED-PB d) TE-TE-BT

23. WE-RT-ZU a) WT-ER-TR b) WE-RT-ZU c) WT-RW-ZU d) WE-RT-CU

24. DT-OI-5YK a) TD-OI-5YK b) DT-UI-KY5 c) TD-IO-5IK d) DT-OI-5YK

25. FG-DT-ED a) FT-TD-DE b) FG-TD-ED c) DT-FG-ED d) FG-DT-ED

$\longrightarrow$

Antwortfelder

1. a) ○○○ b) ○○○ c) ○○○ d) ○○○

2. a) ○○○ b) ○○○ c) ○○○ d) ○○○

3. a) ○○○ b) ○○○ c) ○○○ d) ○○○

4. a) ○○○ b) ○○○ c) ○○○ d) ○○○

5. a) ○○○ b) ○○○ c) ○○○ d) ○○○

6. a) ○○○ b) ○○○ c) ○○○ d) ○○○

7. a) ○○○ b) ○○○ c) ○○○ d) ○○○

8. a) ○○○ b) ○○○ c) ○○○ d) ○○○

9. a) ○○○ b) ○○○ c) ○○○ d) ○○○

10. a) ○○○ b) ○○○ c) ○○○ d) ○○○

11. a) ○○○ b) ○○○ c) ○○○ d) ○○○

12. a) ○○○ b) ○○○ c) ○○○ d) ○○○

13. a) ○○○ b) ○○○ c) ○○○ d) ○○○

14. a) ○○○ b) ○○○ c) ○○○ d) ○○○

15. a) ○○○ b) ○○○ c) ○○○ d) ○○○

16. a) ○○○ b) ○○○ c) ○○○ d) ○○○

17. a) ○○○ b) ○○○ c) ○○○ d) ○○○

18. a) ○○○ b) ○○○ c) ○○○ d) ○○○

19. a) ○○○ b) ○○○ c) ○○○ d) ○○○

20. a) ○○○ b) ○○○ c) ○○○ d) ○○○

21. a) ⬭⬭⬭   b) ⬭⬭⬭   c) ⬭⬭⬭   d) ⬭⬭⬭

22. a) ⬭⬭⬭   b) ⬭⬭⬭   c) ⬭⬭⬭   d) ⬭⬭⬭

23. a) ⬭⬭⬭   b) ⬭⬭⬭   c) ⬭⬭⬭   d) ⬭⬭⬭

24. a) ⬭⬭⬭   b) ⬭⬭⬭   c) ⬭⬭⬭   d) ⬭⬭⬭

25. a) ⬭⬭⬭   b) ⬭⬭⬭   c) ⬭⬭⬭   d) ⬭⬭⬭

Lösungen siehe Seite 147

Antwortfelder für eigene Beispiele

1. a) ⬭⬭⬭   b) ⬭⬭⬭   c) ⬭⬭⬭   d) ⬭⬭⬭

2. a) ⬭⬭⬭   b) ⬭⬭⬭   c) ⬭⬭⬭   d) ⬭⬭⬭

3. a) ⬭⬭⬭   b) ⬭⬭⬭   c) ⬭⬭⬭   d) ⬭⬭⬭

4. a) ⬭⬭⬭   b) ⬭⬭⬭   c) ⬭⬭⬭   d) ⬭⬭⬭

5. a) ⬭⬭⬭   b) ⬭⬭⬭   c) ⬭⬭⬭   d) ⬭⬭⬭

6. a) ⬭⬭⬭   b) ⬭⬭⬭   c) ⬭⬭⬭   d) ⬭⬭⬭

7. a) ⬭⬭⬭   b) ⬭⬭⬭   c) ⬭⬭⬭   d) ⬭⬭⬭

8. a) ⬭⬭⬭   b) ⬭⬭⬭   c) ⬭⬭⬭   d) ⬭⬭⬭

9. a) ⬭⬭⬭   b) ⬭⬭⬭   c) ⬭⬭⬭   d) ⬭⬭⬭

10. a) ⬭⬭⬭   b) ⬭⬭⬭   c) ⬭⬭⬭   d) ⬭⬭⬭

Konzentrations-Rechenleistungstest

Der Konzentrations-Rechenleistungstest zählt zu den Tests des DLR, auf die besonders hoher Wert gelegt wird. Die Zeit ist so angelegt, daß Sie den Test unter normalen Umständen nicht schaffen können. Trotzdem sollte es Ihnen mit einiger Übung möglich sein, zu den Besten zu gehören und sich so einen Platz im Haupttest zu sichern.

Ihre Aufgabe besteht darin, daß Sie bestimmte Symbole aus einem Suchfeld in Zahlen umwandeln, diese addieren und dann mit einem Lösungsvorschlag vergleichen müssen. Ist Ihr errechnetes Ergebnis kleiner als die Lösungsvorschlagszahl, so müssen Sie das linke Antwortfeld markieren, sind beide identisch, so markieren Sie das mittlere, und ist Ihr Ergebnis höher, das rechte Antwortfeld. Sie merken sich das zuletzt umgewandelte Symbol und wandeln dann das nächste um. Die Ergebnisse werden wieder addiert und mit der zwischen den Symbolen stehenden Zahl verglichen. Die Addition/der Vergleich sollte natürlich so konzentriert und zügig wie möglich erfolgen.

Ein Beispiel zur Verdeutlichung:

Im folgenden sehen Sie ein Suchfeld mit 4 Symbolen und den Zahlen 1 bis 4. Jede Zahl ist einem Symbol zugeordnet.

ξ	ψ	ζ	χ
1	2	3	4

Betrachten Sie nun das Aufgabenbeispiel:

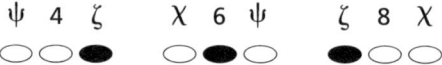

Ersetzen Sie die ersten beiden Symbole durch die zugeordneten Zahlen, so erhalten Sie die 2 und die 3. Addieren Sie diese beiden Zahlen, so ist das Ergebnis 5. Da 5 größer ist als die zwischen den Symbolen stehende 4, müssen Sie das rechte Lösungsfeld (hier schwarz markiert) ankreuzen. Bei der nächsten Aufgabe erhalten Sie nach Umwandlung und Addition der Zahlen als Ergebnis 6. Da Ihr Ergebnis mit dem angebotenen Ergebnis identisch ist, müssen Sie das Feld in der Mitte markieren. Bei der letzten Beispielaufgabe erhalten Sie die 7. Da diese Zahl kleiner als die angebotene Zahl ist, müssen Sie das linke Lösungsfeld ankreuzen.

Beginnen Sie nun mit den Übungsaufgaben. Insgesamt haben wir für Sie 3 Blöcke mit jeweils 40 Aufgaben zusammengestellt, die Sie ggf. als Kopiervorlage nutzen können. Pro Block haben Sie nur zweieinhalb Minuten Zeit!

Übungsaufgaben

1. Block

Suchfeld

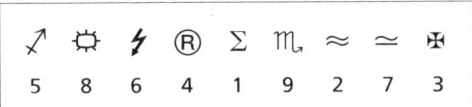

↗ 8 ♏ 16 ® 10 ≃ 10 ⌖ 1 Σ
○○○ ○○○ ○○○ ○○○ ○○○

☼ 10 ≈ 7 ⌖ 9 ® 6 ≈ 3 ↗
○○○ ○○○ ○○○ ○○○ ○○○

≃ 13 ⚡ 6 Σ 9 ≈ 11 ⚡ 16 ≃
○○○ ○○○ ○○○ ○○○ ○○○

≈ 7 ↗ 4 ☼ 15 ≃ 11 ↗ 11 ®
○○○ ○○○ ○○○ ○○○ ○○○

Σ 4 Σ 5 ⌖ 9 ↗ 7 Σ 3 ⚡
○○○ ○○○ ○○○ ○○○ ○○○

≃ 12 ® 3 ↗ 16 ≈ 7 ☼ 4 ≃
○○○ ○○○ ○○○ ○○○ ○○○

® 12 ☼ 9 Σ 11 ® 10 Σ 2 ⌖
○○○ ○○○ ○○○ ○○○ ○○○

⌖ 14 Σ 11 ⚡ 9 ☼ 12 ® 4 Σ
○○○ ○○○ ○○○ ○○○ ○○○

→

2. Block

Suchfeld

▲	±	≈	♌	☊	☉̂	○	♀	♂
9	2	3	5	7	1	4	6	8

≈ 8 ◯◯◯   ☉̂ 9 ◯◯◯   ♂ 10 ◯◯◯   ≈ 10 ◯◯◯   ± 1 ◯◯◯   ♌

☊ 10 ◯◯◯   ± 10 ◯◯◯   ♂ 10 ◯◯◯   ± 6 ◯◯◯   ☊ 16 ◯◯◯   ▲

○ 13 ◯◯◯   ♂ 6 ◯◯◯   ○ 12 ◯◯◯   ▲ 11 ◯◯◯   ☉̂ 9 ◯◯◯   ☊

± 7 ◯◯◯   ♂ 4 ◯◯◯   ▲ 12 ◯◯◯   ≈ 11 ◯◯◯   ▲ 11 ◯◯◯   ♌

♀ 4 ◯◯◯   ♌ 11 ◯◯◯   ♀ 9 ◯◯◯   ± 7 ◯◯◯   ≈ 7 ◯◯◯   ○

♂ 12 ◯◯◯   ☉̂ 3 ◯◯◯   ± 16 ◯◯◯   ☉̂ 7 ◯◯◯   ▲ 10 ◯◯◯   ☉̂

▲ 12 ◯◯◯   ± 9 ◯◯◯   ♌ 11 ◯◯◯   ± 9 ◯◯◯   ☊ 12 ◯◯◯   ♌

♂ 14 ◯◯◯   ± 11 ◯◯◯   ☊ 16 ◯◯◯   ▲ 12 ◯◯◯   ♀ 14 ◯◯◯   ♂

3. Block

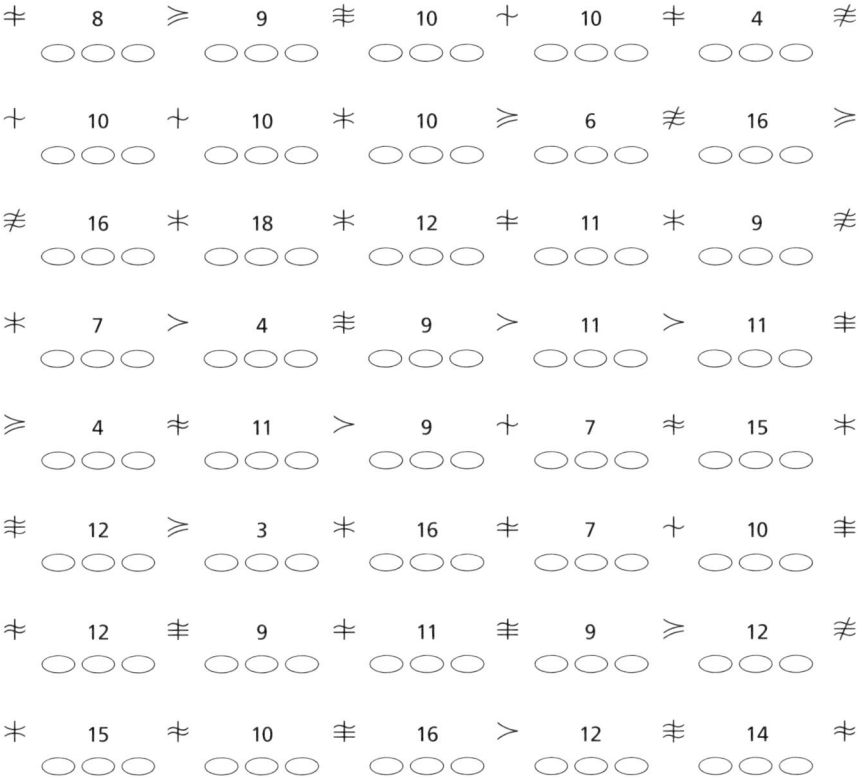

Lösungen siehe Seite 149

Rechts- und Linksabbiegen

Hier geht es darum, Rechts- und Linkskurven auszuzählen, natürlich unter einem enormen Zeitdruck.

Das folgende Übungsbeispiel (linkes Bild L) zeigt die Linkskurven, die zu zählen sind. Beim rechten Bild (R) sollen die Rechtskurven gezählt werden. In der akustischen Anleitung wird die Anweisung gegeben, sich in die Pilotenkanzel eines Flugzeugs zu versetzen und die Strecke inklusive aller Kurven abzufliegen.

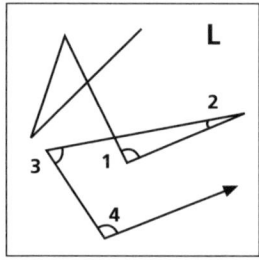 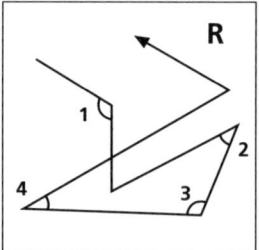

Sie können sich diesen Test folgendermaßen vereinfachen: Wenn Sie z.B. bei dem oberen Beispiel die Linkskurven zählen sollen, setzen Sie Ihren Stift links von der Startlinie an, fahren diese entlang und zählen alle Innenwinkel. Bei Rechtskurven setzen Sie entsprechend den Stift rechts an.

Bitte zählen Sie im ersten Aufgabenfeld alle Links-, im zweiten Aufgabenblock alle Rechtskurven. Für die folgenden zweimal 24 Aufgaben haben Sie je 4 Minuten Zeit.

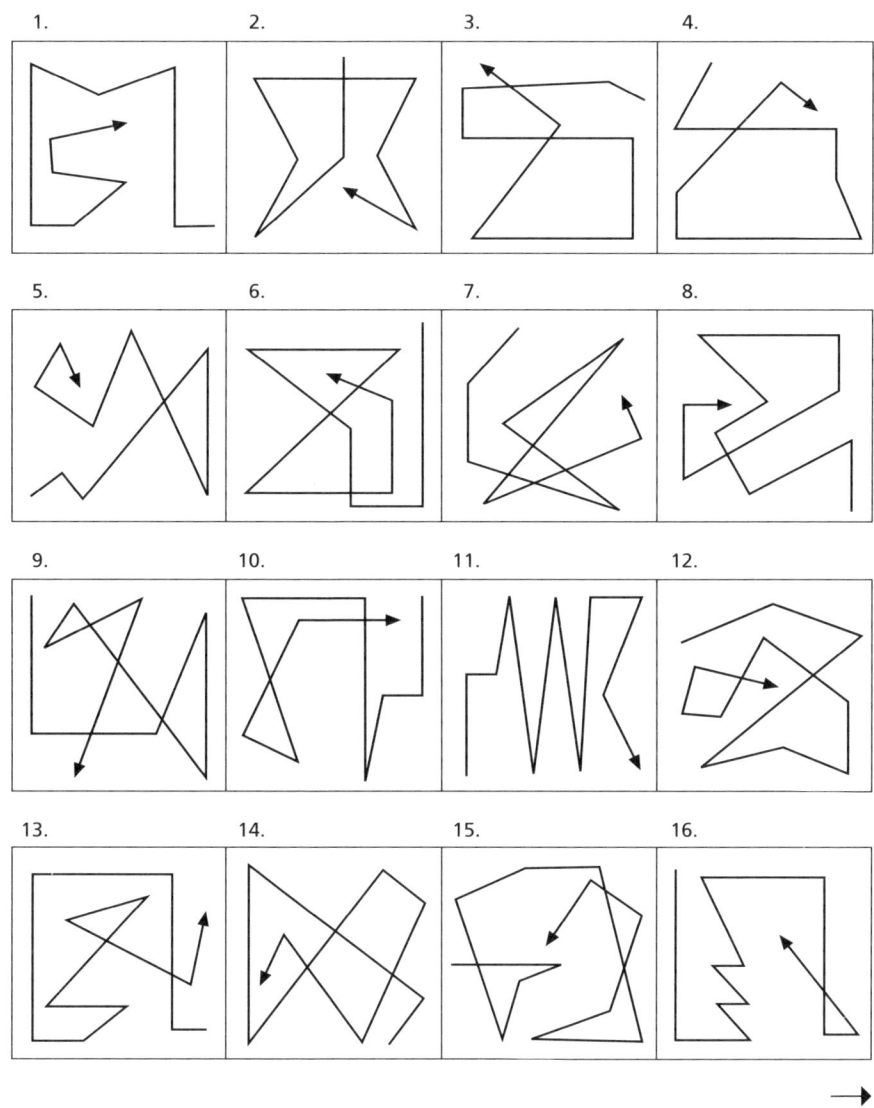

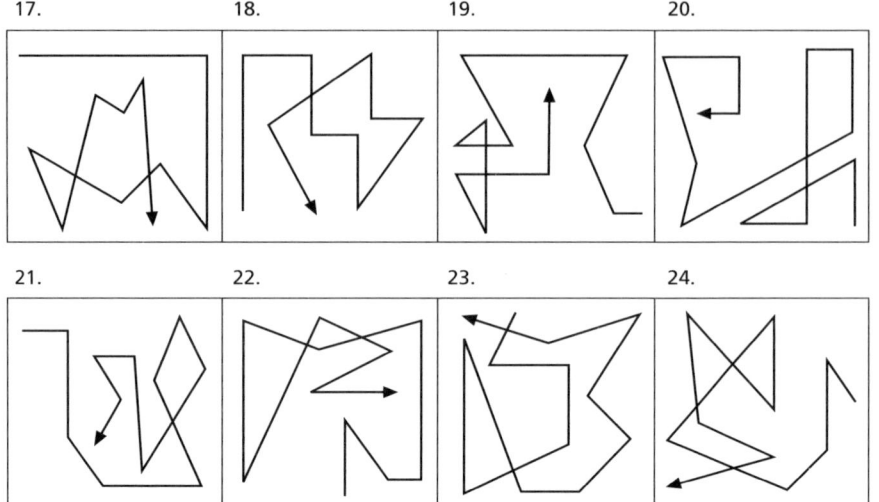

Rechtskurven

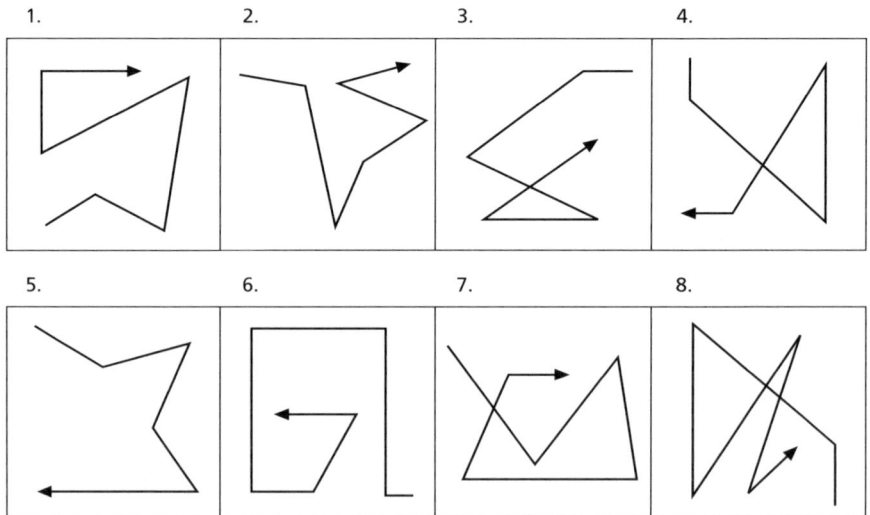

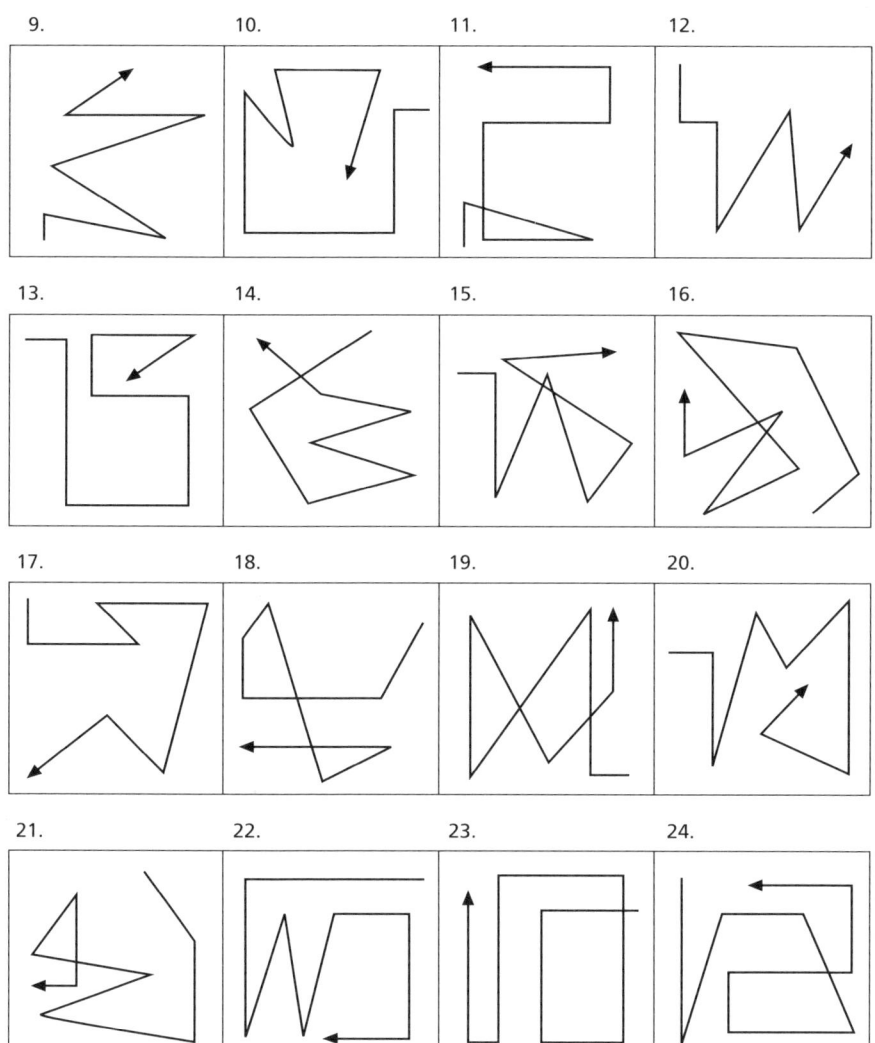

Lösungen siehe Seite 152

Würfel-Rotationstest

Ihre Aufgabe bei diesem Test besteht darin, sich einen Würfel vorzustellen, der auf einer Seite mit einem Kreuz markiert wurde. Über Tonband bekommen Sie Anweisungen, wie Sie in Ihrer Vorstellung den Würfel zu kippen haben. Nachdem alle Kippbewegungen so durchgeführt wurden, müssen Sie angeben, auf welcher Seite sich das Kreuz befindet. Beachten Sie, daß der Würfel immer nur über eine Kante gekippt, aber niemals gedreht werden darf.

Zur Erläuterung betrachten Sie die folgende Skizze:

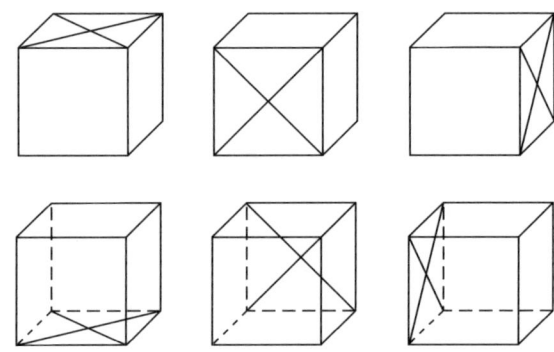

Der Würfel kann
in vier Richtungen
gekippt werden:

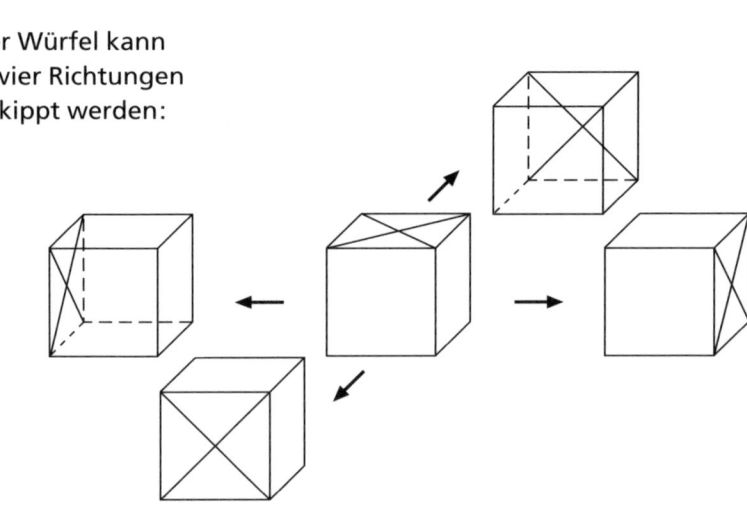

Durch die zunehmende Geschwindigkeit der Anweisungen wird der Schwierigkeitsgrad noch gesteigert. Um sich die Lösung etwas zu vereinfachen, gibt es folgende Möglichkeit: Halten Sie während des Tests Ihren Bleistift so in der Hand, daß die Bleistiftspitze das Kreuz ersetzt. Ziehen Sie dann mit Hilfe des Stiftes die akustischen Anweisungen nach. Dort, wo die Spitze des Stiftes zum Schluß hinzeigt, befindet sich das Kreuz.

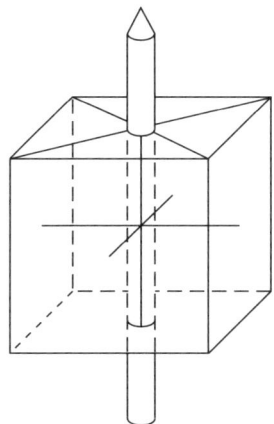

Versuchen Sie nun mit einem Helfer, die folgenden Übungsaufgaben zu lösen. Lassen Sie sich die Ausgangsposition und die Kippbewegungen angeben, wobei der Helfer das Ansagetempo langsam steigern soll.

Übungsaufgaben

	Ausgangslage	Drehungen
1.	oben	vor, rechts, vor, rechts, zurück, links
2.	hinten	zurück, links, vor, rechts, vor, links
3.	unten	links, vor, links, zurück, rechts, vor
4.	links	vor, rechts, zurück, links, vor, links
5.	rechts	zurück, rechts, zurück, links, vor, vor
6.	vorne	rechts, vor, rechts, zurück, links, vor

$\longrightarrow$

Ausgangslage	Drehungen
7. hinten	rechts, rechts, links, vor, vor, rechts
8. oben	vor, vor, vor, rechts, links, vor
9. unten	vor, links, rechts, links, rechts, vor
10. rechts	rechts, vor, links, links, rechts, vor
11. unten	vor, links, rechts, vor, links, zurück
12. rechts	zurück, links, vor, links, zurück, vor
13. links	links, links, vor, rechts, links, vor
14. hinten	vor, links, rechts, links, vor, vor
15. oben	vor, zurück, links, links, zurück, zurück
16. unten	links, vor, rechts, links, vor, rechts
17. oben	vor, rechts, rechts, vor, rechts, vor
18. unten	links, vor, rechts, zurück, zurück, rechts
19. rechts	rechts, rechts, vor, vor, zurück, links
20. links	links, links, vor, rechts, vor, zurück
21. oben	zurück, zurück, zurück, links, links, zurück
22. rechts	zurück, rechts, vor, links, rechts, vor
23. links	links, vor, rechts, zurück, rechts, vor
24. unten	zurück, zurück, rechts, vor, links, zurück
25. oben	rechts, vor, links, zurück, rechts, vor, links
26. unten	links, rechts, rechts, vor, links, vor
27. oben	links, rechts, zurück, zurück, rechts, zurück
28. unten	vor, links, rechts, zurück, links, links
29. rechts	rechts, rechts, vor, vor, links, links
30. links	links, vor, rechts, zurück, links, vor

Lösungen siehe Seite 152

Positions-Logik-Test

Dieser Test funktioniert ähnlich wie Zahlenreihen-Aufgaben. Nach einem bestimmten System werden Zeilen und Zeichen (statt Zahlen) aufgebaut. Die Aufgaben bestehen aus fünf Zeilen mit jeweils 24 Punkten.

1. Zeile: . . . .
2. Zeile: . . . .
3. Zeile: . . . .
4. Zeile: . . . .
5. Zeile: . . . .

In der Beispielaufgabe sehen Sie anstelle einzelner Punkte in den ersten vier Zeilen je ein Sternchen (*). Die Position dieses Sternchens wird durch zwei Regeln bestimmt, und es ist Ihre Aufgabe, diese Regeln zu erkennen. In der Lösungszeile (= 5. Zeile) müssen Sie die richtige Position für das Sternchen bestimmen.

Beispiel:

```
1. Zeile:  . . . . .   . . . . .   . . . . .   . * . . .
2. Zeile:  . . . . .   . . . . .   . . * . .   . . . . .
3. Zeile:  . . . . .   . . . . .   . . . . .   . * . . .
4. Zeile:  . . . . .   . . . . .   . . * . .   . . . . .
5. Zeile:  . * . . .   . . . . .   . . * . .   . * . . .
              A                      B           C
```

In diesem Beispiel gibt es nicht nur Punkte, sondern auch Leerzeichen. Sie haben die Funktion, innerhalb einer Zeile mehrere Punktgruppen zu schaffen. In diesem Beispiel stehen in jeder Zeile gleich große Fünfer-Punktgruppen. Welcher Stern in Zeile 5 (Stern A, B oder C) steht logisch richtig und erfüllt zwei Regeln?

Lösung: C

Diese Lösung erklärt sich durch folgende zwei Regeln:

1. Regel: In jeder Zeile gibt es vier Punktgruppen, und der Stern steht abwechselnd in der 3. und 4. Gruppe.

2. Regel: Die Position des Sterns wechselt von der 2. zur 3. Position innerhalb einer Punktgruppe.

Nur Stern C erfüllt beide Bedingungen.

2. Beispiel:

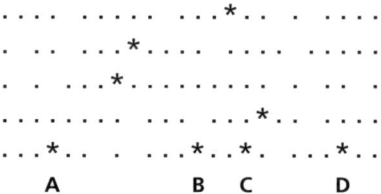

Nach welchem System sind die Zeilen aufgebaut, und welche Regel bestimmt die Position des Sternchens? Ist in der letzten Zeile Sternchen A, B,
C oder D richtig?

Lösung: B

1. Regel: Das Sternchen befindet sich immer in der 3. Punktgruppe.
2. Regel: Die Position innerhalb einer Punktgruppe für das Sternchen ist
Platz 4.

Versuchen Sie, die folgenden 10 Aufgaben in 20 Minuten zu lösen.

Übungsaufgaben

1.

```
 .*. .  .. ... .. . .. .  .. .. ...
 ... ...  .*  .. ... .  .. .. ...
 ..  ...  .*. .. ... .  .. .. ...
 ... ...  ...  .*. . ..  .. .. ...
 ... ... ...  .*.  ...  .*.*
              A         B  C
```

2.

```
. .  . . .*. . .  . . . . . . . . . . .
. . . . . . .  . . . .  . . . . . .* . .
. . . . . . . . .* . .  . . . . . . . . .
. . . .  . . .  . .* . .  . . . . . . . .
. . . . .* . .  . .* . . . . . . . . .* . .
        A       B                   C
```

3.

```
. . . . . .  .* .  . . . . . .  . . . . . .
. .  . . . .* .  . . . . . .  . . . . . .
. . . . . . .  . . .* . . .  . . . . . . .
. . .  . . . . . .* .  . . . . . . . . .
. . .  . . .* . .* .  . . . .* . . . . .
            A  B          C
```

4.

```
. . . .  . . . .  . .* . .  .  . . . . . .
.* .  . .  . . . . .  . . .  . . . . . . .
. . . .* . . . .  .  . . . . . . . . . . .
. . . .  . . . .  . . .  . .* . .  . .
.* .  . . . . . .* . . . . .  .  . . .* . .
A               B                   C
```

5.

```
. . .  .* . . . . .  . . . . . . . . . . .
. . . . . .  . .  . . . .* .  . . . . . .
. . . . .  . . . . . .  . .  .* . . . .
.  . . . . .* . . . . . . . . .  . . . .
.  .* . . .  .* . . . . . .  .* . . . . . . . . .
  A       B          C
```

6.

```
. . .  .* . . . .  . . . . .  . . . . . .
.* . . .  .  . . . .  . . . . . .  . . . .
. . . . . .  . . . . . . .  . .  .  . .* . .
. . . .  . . .* .  . . . . . . . . . . . .
. . . .* .  . .* . .  . . . .* .  . . . . . .
    A       B          C
```

→

7.

```
. . * . . . . .    . . . .    . . .    . . . . .
. . .   . . . . .   . . . .    . . * . . . . .
. . . . .   . . * . . . . .    . . . .   . . . . .
. . .   . . . .   . . . .   . . . * . . . . .
. . * . .   . . . * . . . .    . . * . . . . . .
     A          B          C
```

8.

```
. . . . * . . . .    . . . . . .   . . . . . .
. . . . .   * . . . . . .    . . . .   . . . . .
. . . . . . .   . . . . .   . . .    . * . . . .
* . . . . . .    . . . . .   . . . . . . .
. . . * . . .    . . . . * . .   . . * .   . . .
     A              B      C
```

9.

```
. . . . .   * . . . .    . . . .   . . .   . .
. . .   . . . .   . . . .   * . . . . .   . .
. . . . .   . . .    . . . . .   . . .   . .   *
. . . . .   . .   * . . . . . . .   . . . . .
* . . .   * . . . .   . .   * . . . . . .
     A      B              C
```

10.

```
. . * . .   . . . . . .    . . . .    . . . . .
. . . .   . . . * . . .    . . . . . .    . . . .
. . . . * . . . .    . .    . . . . . .   . . . . .
. . . .   . * . .    . . . . . . .    . .   . .   . .
. * .   . . . * . . .    . .   . .   . . * . . .
     A      B                    C
```

Lösungen siehe Seite 152

Simultan-Arbeitstest

Dieser Test wird bereits seit mehreren Jahren so oder leicht abgewandelt beim DLR durchgeführt. Zusammen mit den anderen Teilnehmern werden Ihnen Dias gezeigt, auf denen bis zu 6 rote (hier graue) bzw. schwarze Pfeile zu sehen sind. Gleichzeitig bekommen Sie eine Ausgangsflugnummer und bis zu 5 ähnliche oder identische Flugnummern sowie die Information »Luftraum grau« oder »Luftraum schwarz« genannt.

Ihre Aufgabe lautet wie folgt:
- Achten Sie auf die Anweisungen über Lautsprecher: Bei »Luftraum grau« schreiben Sie die Richtungsgradzahlen auf, in die die grauen Pfeile zeigen.
- Achten Sie auf die Ausgangsflugnummer und zählen Sie mit, wie oft diese in den Lösungsvorschlägen wiederholt wird.
- Tragen Sie die Richtungsgradzahlen für die Pfeile sowie die Anzahl der richtig wiederholten Ausgangsflugnummern in die dafür vorgesehenen Felder ein.
- Pro Bild haben Sie 20 Sekunden Zeit.

Beispiel:

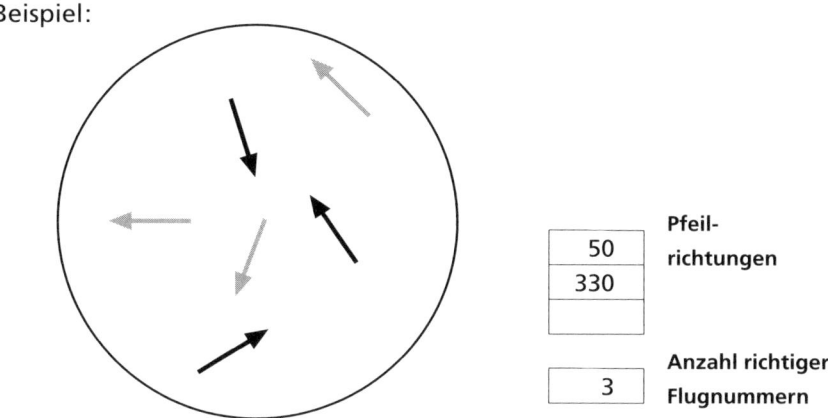

In diesem Beispiel sollen Sie den »Luftraum schwarz« bearbeiten, und es werden Ihnen folgende Flugnummern vorgespielt:

Ausgangsflugnummer: LH 5612
Flugnummerwiederholungen
a) LH 5612   b) LH 5612   c) LH 6512   d) LH 5612

Zur Veranschaulichung haben wir zwei von den drei Pfeilen in den ungefähren Richtungsgradzahlen sowie die richtige Anzahl der wiederholten Flugnummern eingetragen. Wichtig: Machen Sie nicht den Fehler und verlängern Sie zum Ablesen der Gradzahlen die Pfeile, bis diese auf den äußeren Kreis treffen. Dies dürfen Sie deswegen nicht, da die Anfangspunkte der Pfeile nicht der Mitte des Kreises entsprechen. Ziehen Sie deshalb gedanklich einen Kreis um den Ausgangspunkt jedes Pfeils und »lesen« Sie dann die entsprechende Gradzahl ab. Alle Gradzahlen der Pfeilrichtungen sind lediglich Richtwerte; gewisse Toleranzen sind bei diesem Test zulässig.

Übungsaufgaben

Zum Üben dieses Tests gehen Sie wie folgt vor:
Bitten Sie einen Helfer, sich die nachfolgenden Anweisungen inklusive Luftraumangaben und Flugnummern aus diesem Buch zu kopieren. Auf den nächsten Seiten finden Sie Luftraumbilder, die Sie sich ebenfalls herauskopieren können. Je nach Anweisung bearbeiten Sie bitte den »Luftraum grau« oder »schwarz« und zählen dabei, wie oft Ausgangsflugnummer und Flugnummerwiederholungen übereinstimmen. Sowohl die Gradzahlen der Pfeile als auch die Anzahl der übereinstimmenden Flugnummern tragen Sie in die vorgesehenen Lösungsfelder ein.

Anweisungen an den Helfer

Nehmen Sie sich eine Uhr zur Hand und lassen Sie dem Testkandidaten pro Luftraumbild 20 Sekunden Zeit, den von Ihnen genannten Luftraum (grau oder schwarz) zu bearbeiten. Während dieser Zeit lesen Sie ihm die zur Aufgabe gehörigen Flugnummern vor. Machen Sie nach der Ausgangsflugnummer beim Sprechen eine kurze Pause und diktieren Sie die Flugnummerwiederholungen zügig und deutlich gesprochen hintereinander weg.

Flugnummern

1. Luftraum schwarz
   LH 4512   a) LH 4512   b) LH 4712   c) LH 4522   d) LH 4566

2. Luftraum schwarz
   BA 9310   a) BA 9210   b) BA 9310   c) AB 9310   d) BA 4711

3. Luftraum schwarz
   PA 456   a) BA 456   b) BA 456   c) BA 9310   d) PA 456

4. Luftraum grau
   LH 1302   a) LH 1306   b) LH 6302   c) LH 2130   d) LH 3012

5. Luftraum schwarz
   IA 8502   a) IA 4587   b) IA 0285   c) IA 8503   d) IA 8502

6. Luftraum grau
   LH 5612   a) LH 5612   b) LH 5612   c) LH 6512   d) LH 5612

7. Luftraum grau
   BA 9651   a) BA 9652   b) BA 6952   c) AB 9651   d) BA 9651

8. Luftraum schwarz
   HF 3605   a) HF 3602   b) HF 9604   c) HF 4096   d) HF 3605

9. Luftraum schwarz
   HF 758   a) FH 758   b) FH 785   c) HF 785   d) HF 758

10. Luftraum grau
    AI 2312   a) AI 2312   b) AI 1223   c) AI 2312   d) AI 3122

11. Luftraum grau
    PA 4711   a) PA 4111   b) BA 4711   c) AB 1147   d) PA 1411

12. Luftraum grau
    TA 1215   a) DA 1215   b) TA 1215   c) TA 1215   d) TA 1215

13. Luftraum grau
    HF 1704   a) HF 1704   b) HV 1704   c) HV 1804   d) HF 1704

14. Luftraum schwarz
    AD 610   a) AT 610   b) AD 610   c) AT 610   d) AT 610

15. Luftraum schwarz
    FG 129   a) VG 129   b) VT 129   c) FC 129   d) FG 128

→

16. Luftraum grau
    HL 961   a) KL 961   b) HL 961   c) HL 961   d) KL 961

17. Luftraum grau
    DP 785   a) DP 785   b) DB 785   c) DB 784   d) DP 456

18. Luftraum schwarz
    ED 3206   a) ET 3205   b) ED 7845   c) ET 3602   d) ED 3200

19. Luftraum schwarz
    CO 8998   a) CH 8998   b) CO 8998   c) CO 8998   d) KO 8998

20. Luftraum grau
    FG 1210   a) VG 1212   b) FG 1210   c) JK 1321   d) TG 4596

21. Luftraum grau
    CP 1204   a) CP 1204   b) CP 1204   c) CP 1204   d) CP 1204

22. Luftraum schwarz
    CP 134   a) CB 134   b) CB 123   c) CB 134   d) CP 123

23. Luftraum grau
    HI 9654   a) KI 9604   b) HI 9604   c) HI 9604   d) HI 9654

24. Luftraum schwarz
    ED 1602   a) ED 1602   b) ED 2102   c) ED 1602   d) ET 1602

25. Luftraum grau
    CP 12   a) CP 12   b) KO 12   c) CP 12   d) CD 12

Luftraumbilder

1.

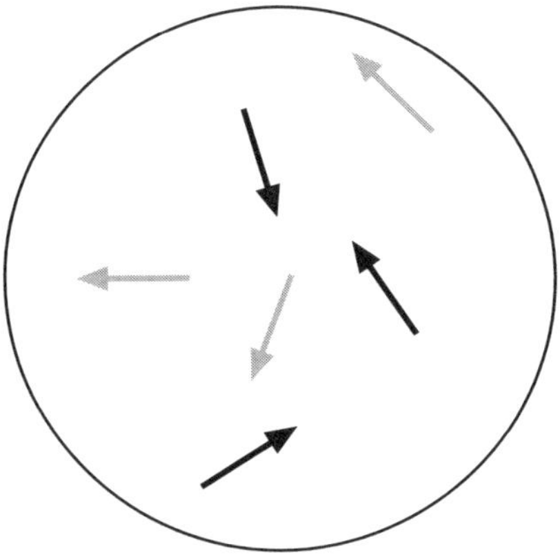

Pfeil-
richtungen

Anzahl richtiger
Flugnummern

2.

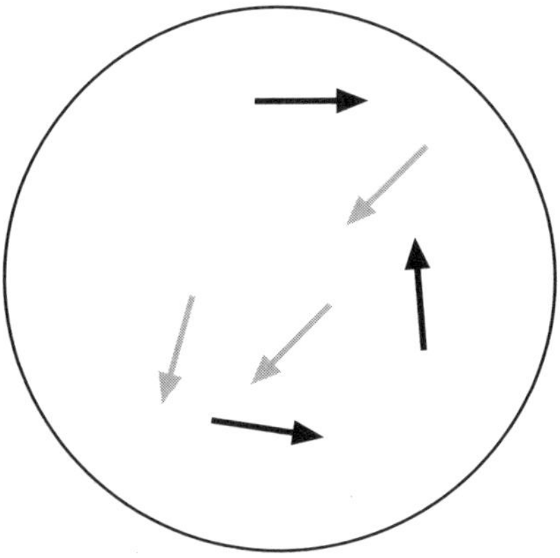

Pfeil-
richtungen

Anzahl richtiger
Flugnummern

3.

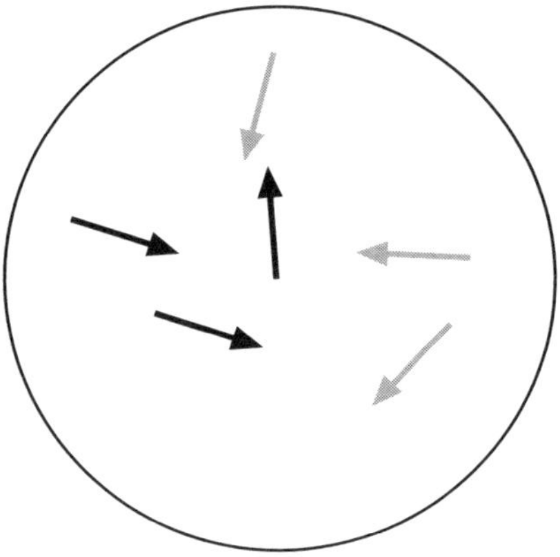

Pfeil-
richtungen

Anzahl richtiger
Flugnummern

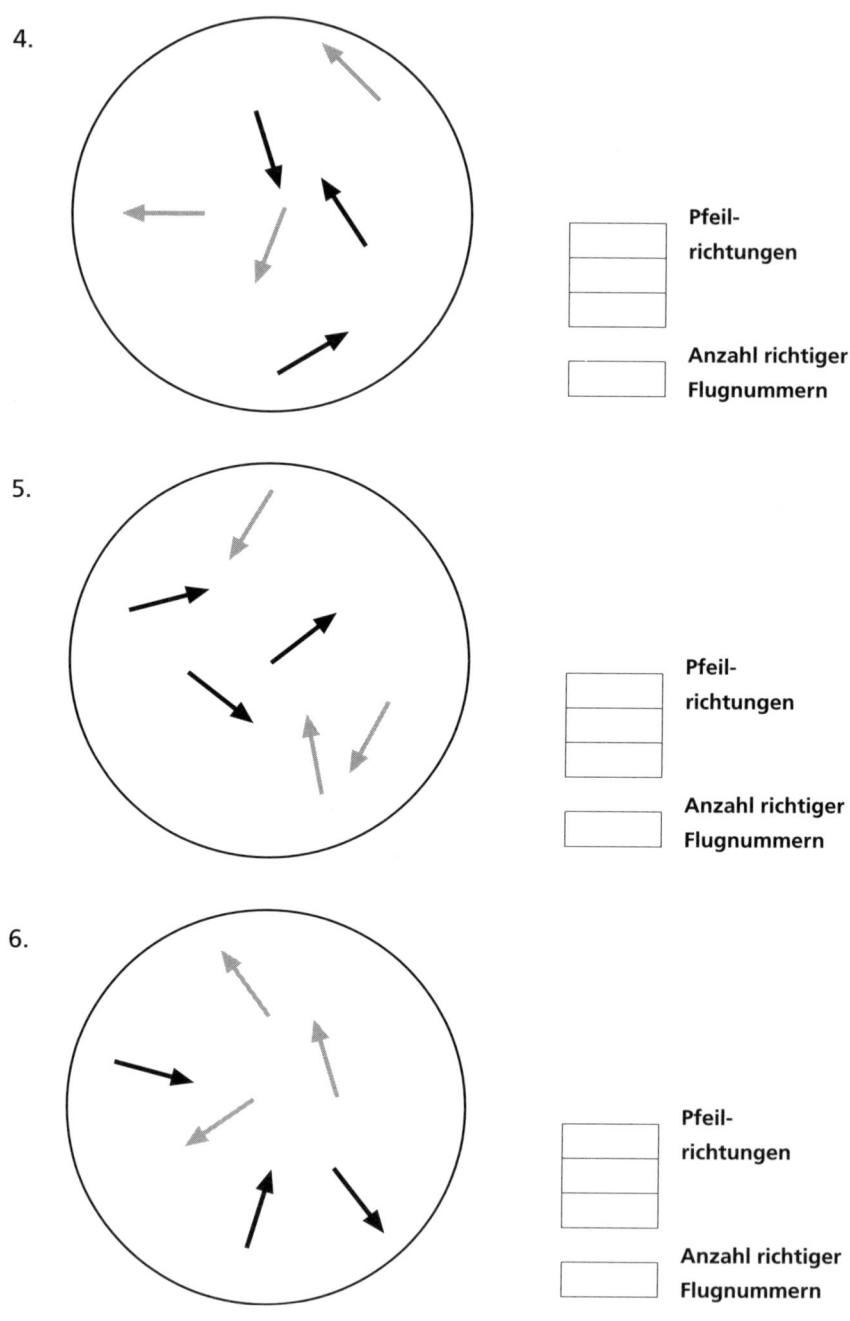

4.

| | Pfeil-
| | richtungen
| |

| | Anzahl richtiger
| | Flugnummern

5.

| | Pfeil-
| | richtungen
| |

| | Anzahl richtiger
| | Flugnummern

6.

| | Pfeil-
| | richtungen
| |

| | Anzahl richtiger
| | Flugnummern

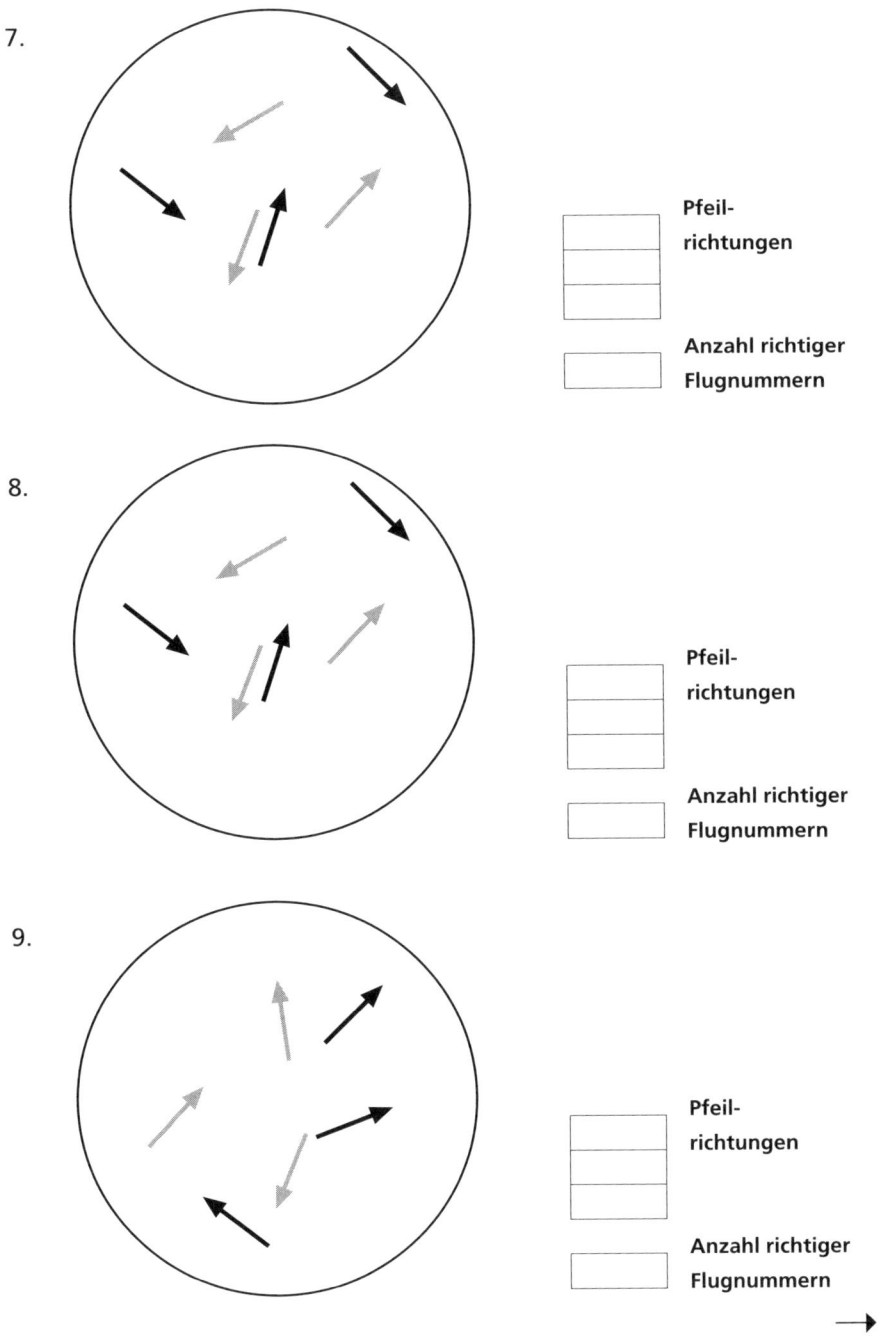

7.

Pfeil-
richtungen

Anzahl richtiger
Flugnummern

8.

Pfeil-
richtungen

Anzahl richtiger
Flugnummern

9.

Pfeil-
richtungen

Anzahl richtiger
Flugnummern

$\longrightarrow$

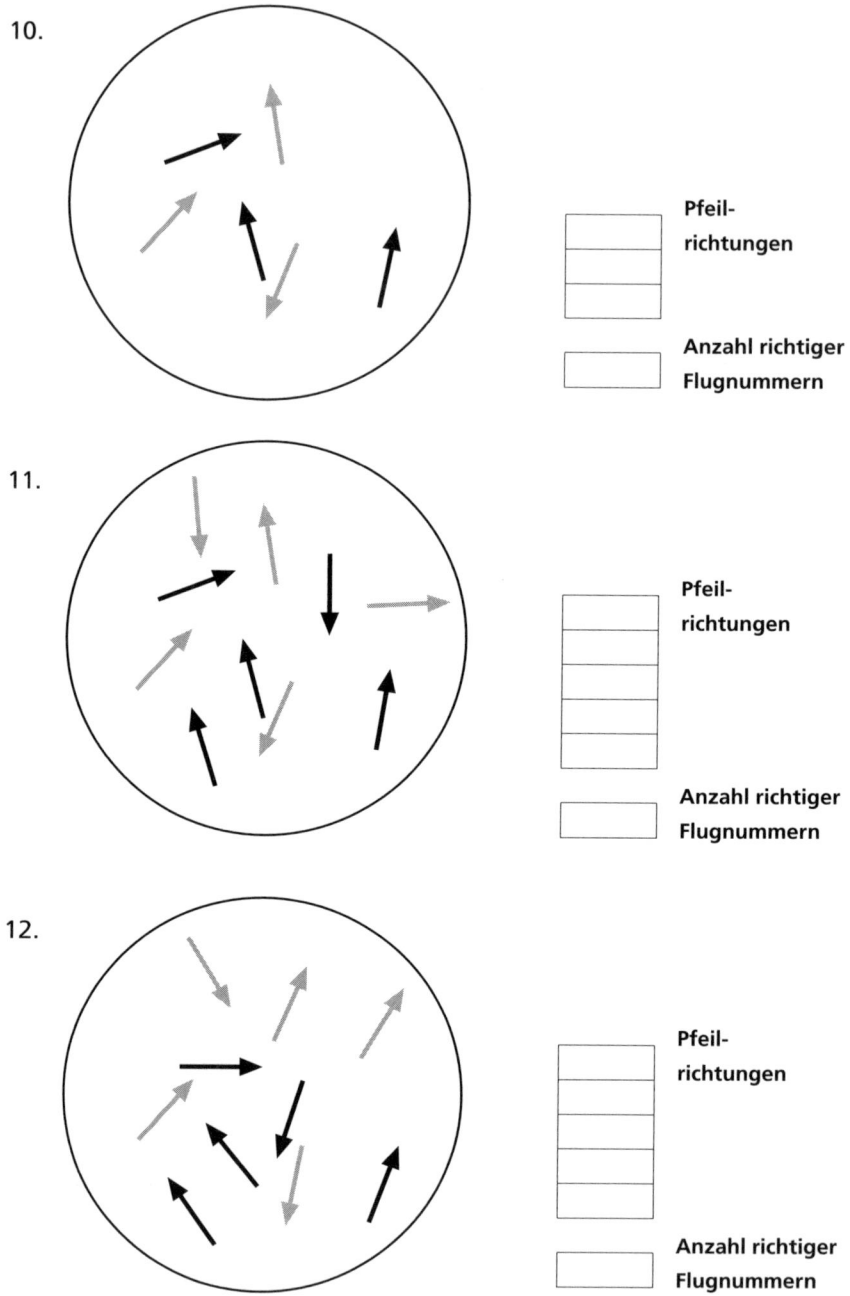

10.

Pfeil-
richtungen

Anzahl richtiger
Flugnummern

11.

Pfeil-
richtungen

Anzahl richtiger
Flugnummern

12.

Pfeil-
richtungen

Anzahl richtiger
Flugnummern

13.

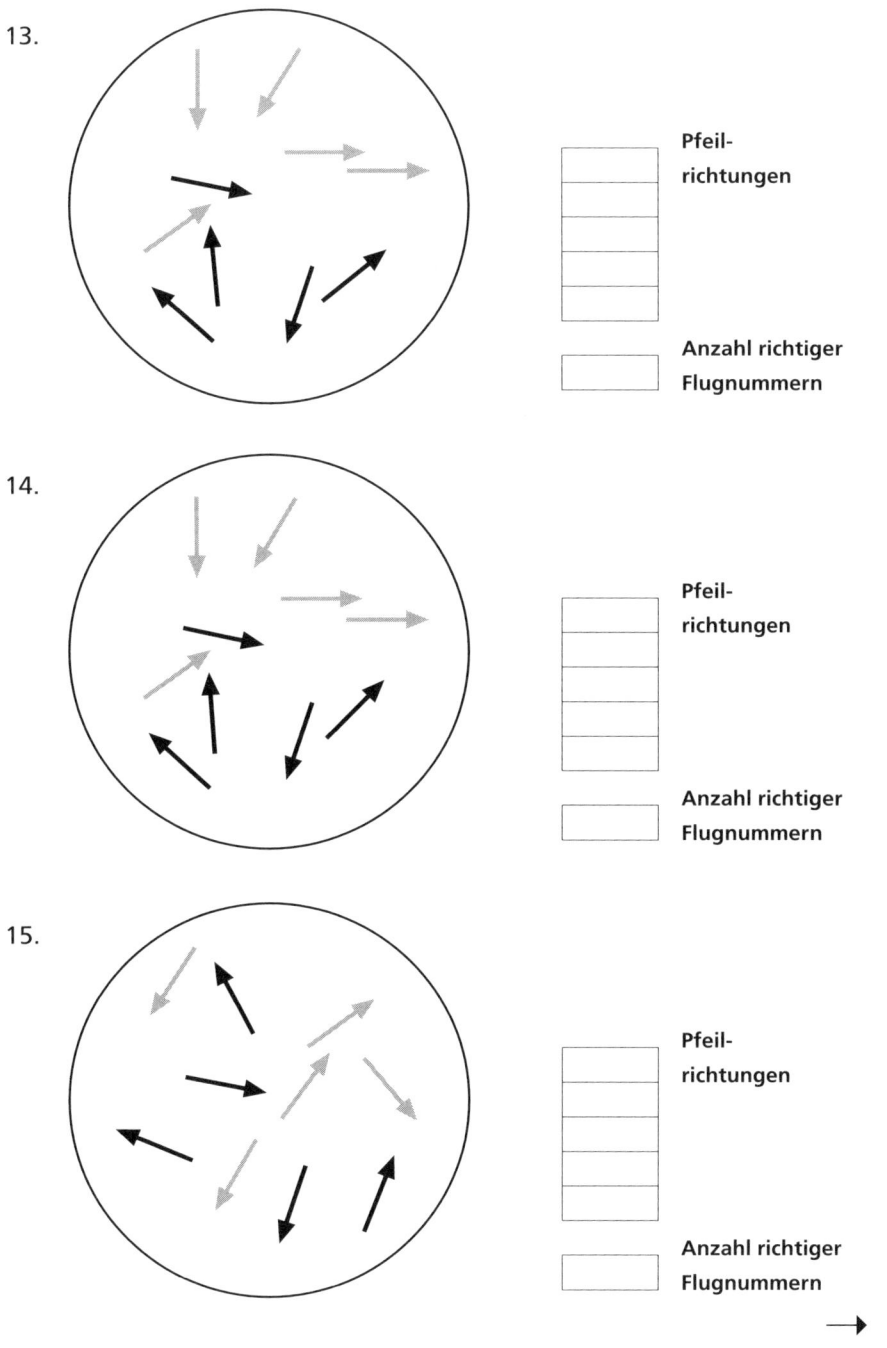

Pfeil-
richtungen

Anzahl richtiger
Flugnummern

14.

Pfeil-
richtungen

Anzahl richtiger
Flugnummern

15.

Pfeil-
richtungen

Anzahl richtiger
Flugnummern

16.

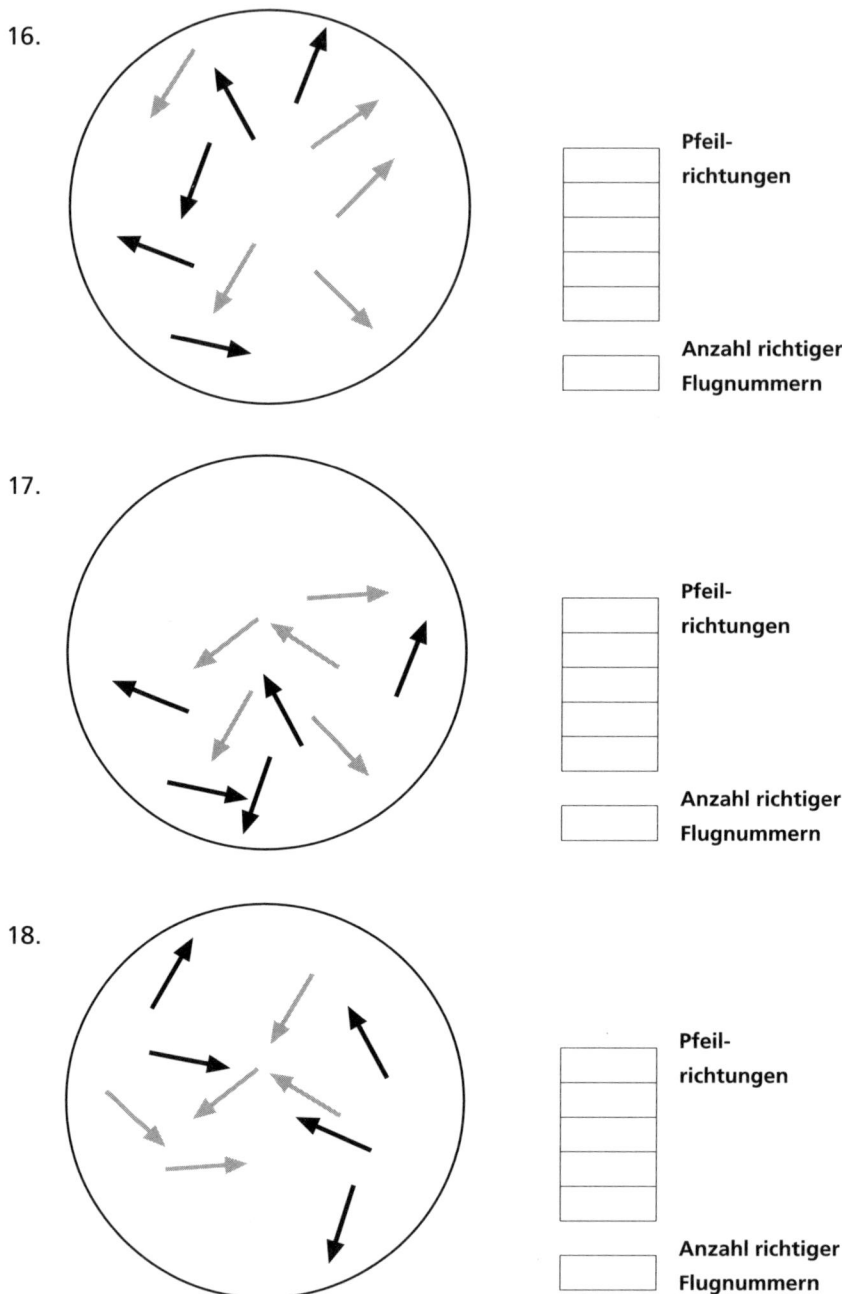

Pfeil-
richtungen

Anzahl richtiger
Flugnummern

17.

Pfeil-
richtungen

Anzahl richtiger
Flugnummern

18.

Pfeil-
richtungen

Anzahl richtiger
Flugnummern

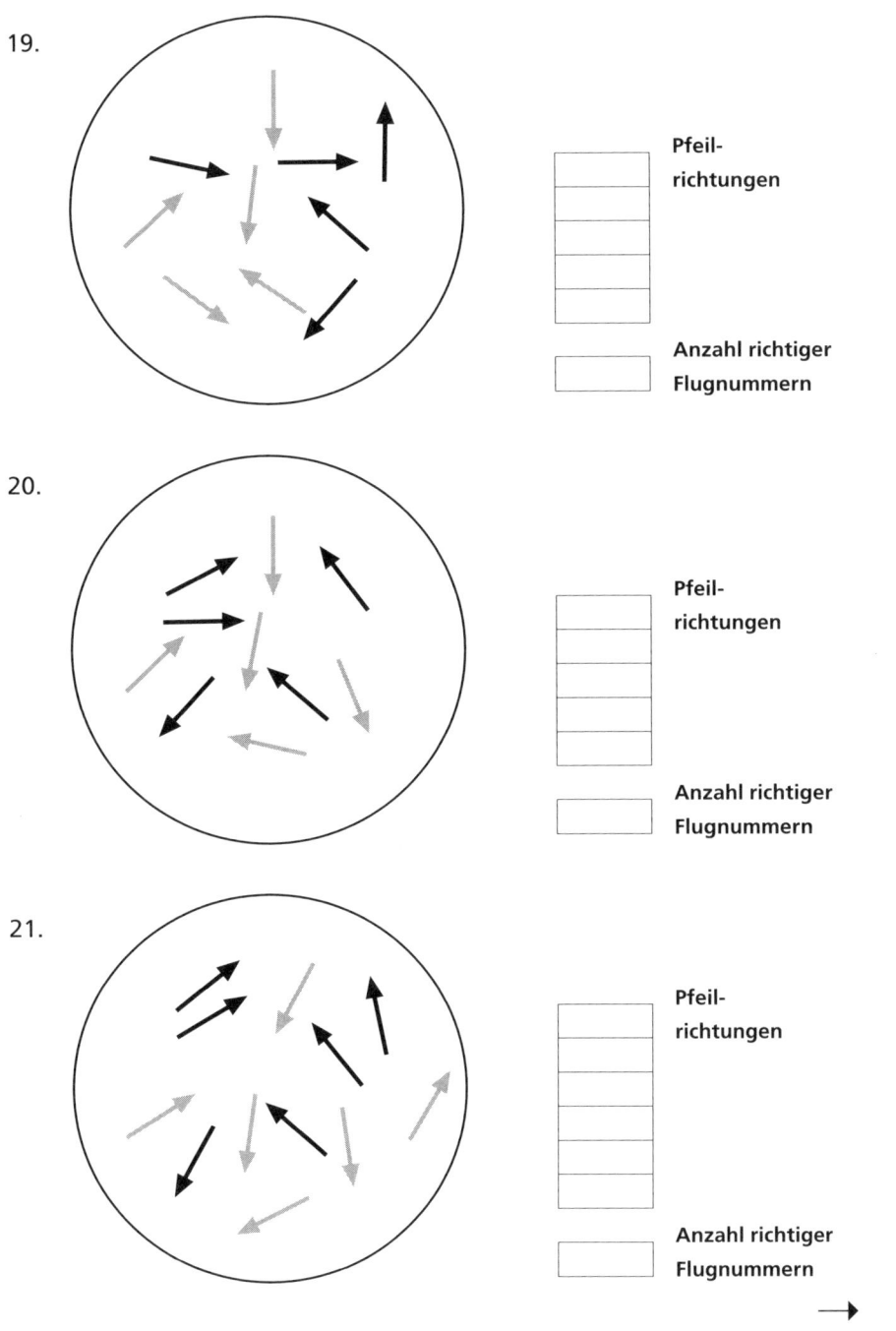

19.

Pfeil-
richtungen

Anzahl richtiger
Flugnummern

20.

Pfeil-
richtungen

Anzahl richtiger
Flugnummern

21.

Pfeil-
richtungen

Anzahl richtiger
Flugnummern

→

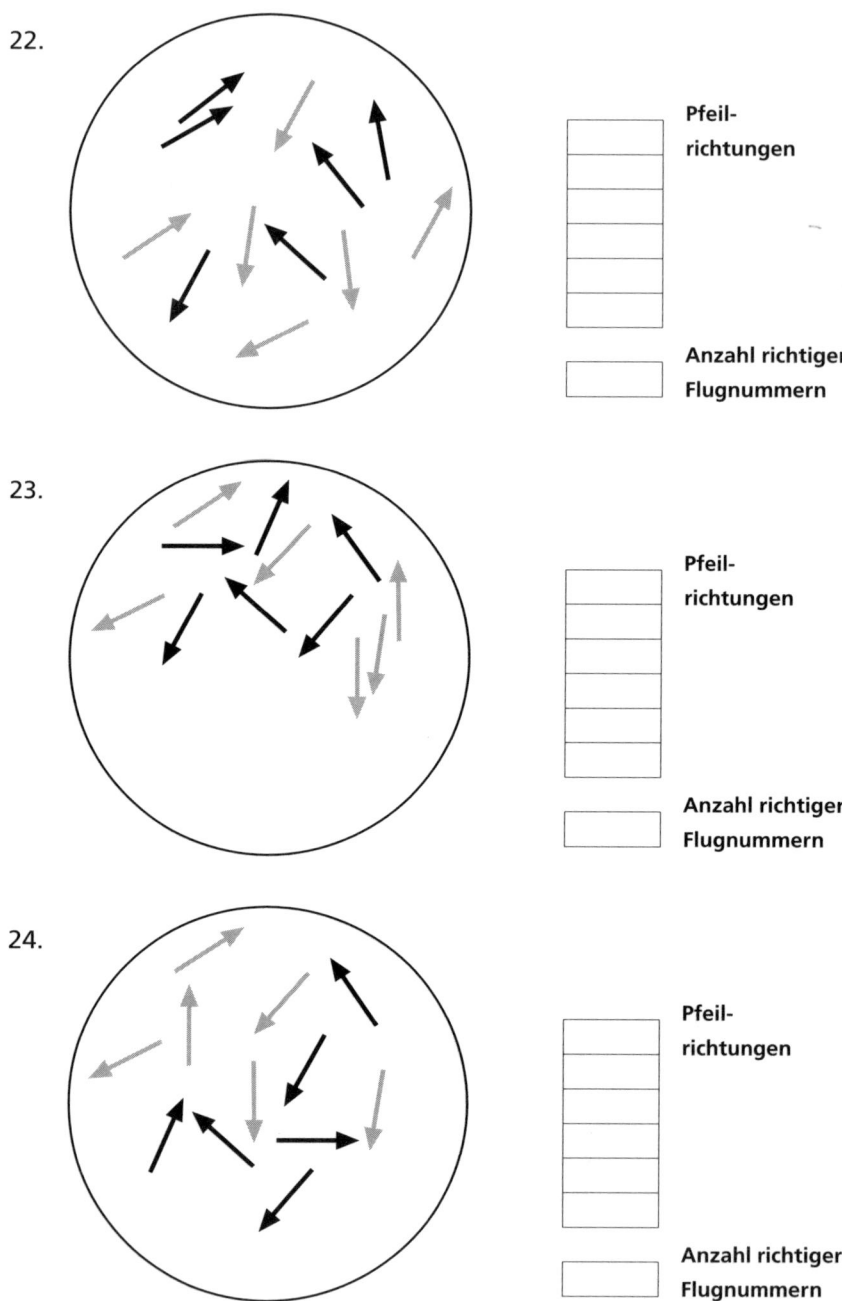

22.

Pfeil-
richtungen

Anzahl richtiger
Flugnummern

23.

Pfeil-
richtungen

Anzahl richtiger
Flugnummern

24.

Pfeil-
richtungen

Anzahl richtiger
Flugnummern

25.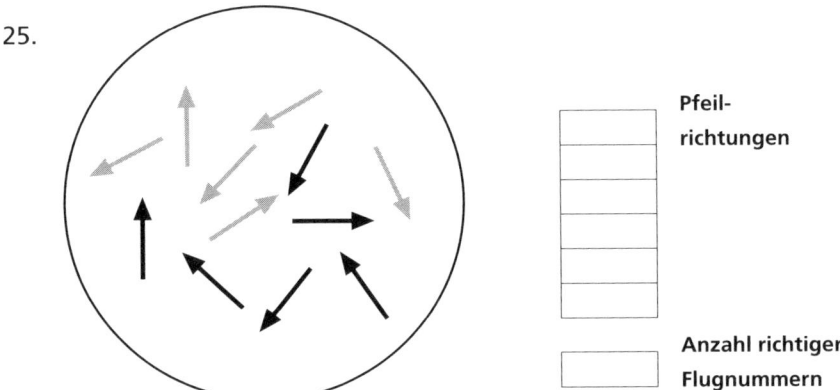

Pfeil-
richtungen

Anzahl richtiger
Flugnummern

Lösungen siehe Seite 154

Figuren ergänzen

Bei diesem Test sind Figuren bzw. graphische Abbildungen, die in verschiedene Richtungen gedreht oder gekippt wurden, mit einem Bleistift – entsprechend der Vorlage – zu vervollständigen.

Hier zwei Aufgabenbeispiele:

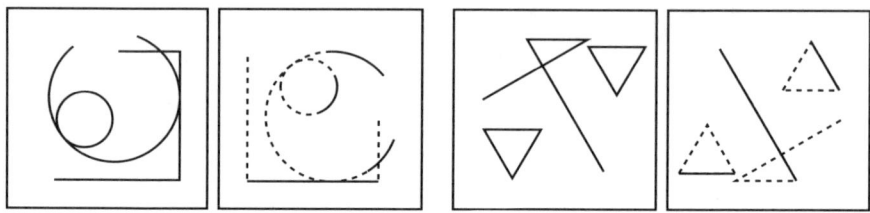

Für die folgenden 10 Aufgaben haben Sie 5 Minuten Zeit.

Übungsaufgaben

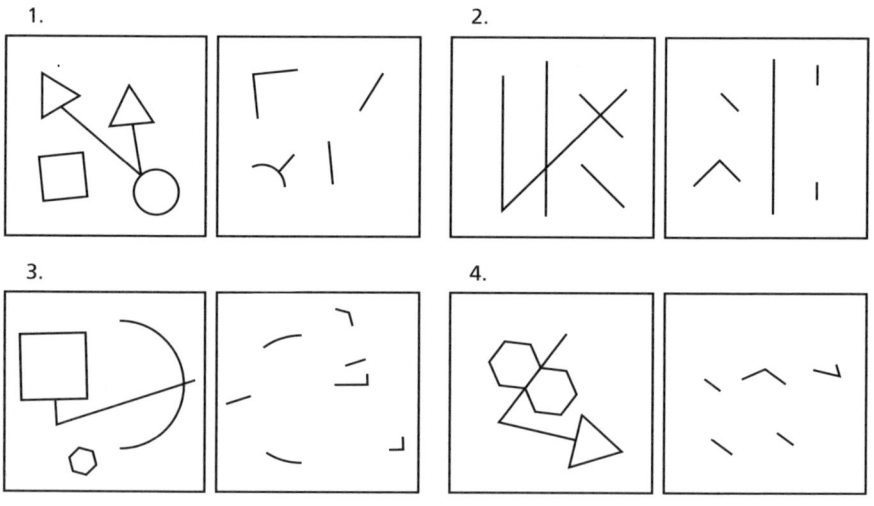

Lösungen siehe Seite 155

Der Haupttest

Straßen beladen
(Einzeltest)

Dieser Test wird als Einzelaufgabe am Computer bearbeitet. Gegeben sind insgesamt 4 Straßen mit einer zulässigen Gesamtlast von 60 (wobei es keine Gewichtseinheit wie Kilogramm oder Tonne gibt) sowie bis zu 6 verschiedene Fahrzeugtypen/Personen mit unterschiedlichem Gewicht und unterschiedlicher Punktzahl. Betrachten Sie nun den Beispielbildschirmaufbau, wie er Sie ähnlich beim DLR erwarten könnte:

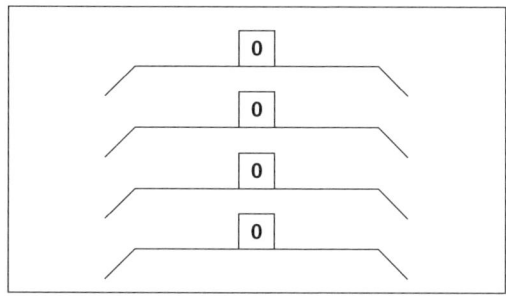

Verbleibende Zeit: 4:00
Punktzahl: 0

5 LKW mit Anhänger	Gewicht 21
3 LKW	Gewicht 15
6 PKW	Gewicht 12
4 Motorräder	Gewicht 4
2 Fußgänger	Gewicht 2
1 Kind mit Kettcar	Gewicht 2

Ihre Aufgabe besteht darin, jede Straße möglichst maximal zu beladen. Dazu muß jeder Fahrzeugtyp/jede Person mindestens einmal benutzt und ein möglichst hohes Punkteergebnis erzielt werden. Je optimaler die Straßen innerhalb einer bestimmten Zeit beladen werden, desto mehr Punkte gibt es. Um die 4 Straßen zu beladen, haben Sie 4 Minuten Zeit. Für die Überladung einer Straße (z.B. 61) gibt es einen Punktabzug, und die gesamte Straße (auch die auf ihr benutzten Fahrzeugtypen/Personen) wird gelöscht. Übergehen Sie einige Fahrzeugtypen/Personen, benutzen diese also nicht, erhalten Sie ebenfalls einen Punktabzug. Erreichte Punktzahlen von 100–140 sind in Ordnung, alles darüber gut. Haben Sie mit dem Test begonnen, könnte der Bildschirm sich in etwa so verändern:

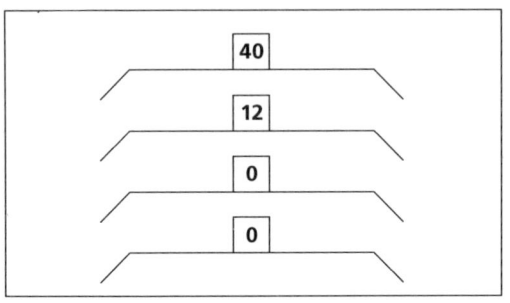

Verbleibende Zeit: 2:59
Punktzahl: 26

5 LKW mit Anhänger	Gewicht 21
1 LKW	Gewicht 15
5 PKW	Gewicht 12
3 Motorräder	Gewicht 4

Straße 1 ist jetzt insgesamt mit dem Gewicht 40 beladen. Dies war möglich mit 2 LKW (jeweils mit einem Gewicht von 15), einem Motorrad, zwei Fußgängern und einem Kind mit einem Kettcar. Auf Straße 2 befindet sich jetzt ein PKW.

Hinweise:
- Es ist wichtig sich zu merken, welche Fahrzeugtypen/Personen man bereits benutzt hat und welche nicht.
- Es gibt Sondermeldungen, wie z.B. »Straße 2 nur zu ⅔ belastbar«. Diese erscheinen einmal am Anfang für ca. 5 Sekunden. Auch diese sind zu merken und zu beachten.
- Alle Schritte, also Straßenauswahl, Fahrzeugtypen-/Personenauswahl bzw. -anzahl müssen einzeln eingegeben werden.

Für diesen Test sollten Sie im Umgang mit der Computertastatur sicher sein. Auch ist es wichtig, sich kurzfristig Zahlen und Typen merken zu können und gut im Kopfrechnen zu sein. Achtung: Bei diesem Test gibt es insgesamt 3 Durchgänge, aber keinen Beispieldurchgang zum Üben.

Flugstreifen vervollständigen

Dieser Test ist ein Gruppentest, bei dem 6 Teilnehmer zusammen eine Aufgabe bewältigen sollen. Jeder Teilnehmer bekommt mehrere sogenannte »Flugstreifen«, auf denen wichtige Angaben fehlen. Ein Flugstreifen ist – wenn er vollständig ist – wie folgt aufgebaut:

Kontrollsektor-zugehörigkeit	Nah- oder Fernbereich	Abflugzeit	Ankunftszeit	Startpunkt	Landepunkt

Bei jedem Teilnehmer fehlen verschiedene Angaben. Aufgabe ist es, möglichst entspannt, teamorientiert und kontaktfähig mit den anderen Teilnehmern zusammen die fehlenden Angaben zu vervollständigen. Danach müssen die Scheine noch so sortiert werden, daß sie auch in der richtigen Reihenfolge vorliegen, also ein Flugzeug z.B. von Kontrollsektor 1 über die Sektoren 2, 3, 4 und 5 zu seinem Ziel in Kontrollsektor 6 gelangt. Für diese Gruppenaufgabe haben Sie insgesamt 30 Minuten Zeit. Überschreiten Sie das Zeitlimit, ist die Aufgabe nicht gelöst. Während des Tests werden Sie von 6 Psychologen begutachtet.

Straßen beladen
(Gruppentest)

Dieser Test ist genauso wie der Einzeltest (s. S. 121 ff.) aufgebaut. Ein Team, bestehend aus 2 Teilnehmern, die sich nicht sehen können, soll gemeinsam die 4 Straßen beladen. Dazu stehen die Teilnehmer in Funkkontakt. Einer ist jeweils Teamleiter; dieser kennt zwar die Anzahl der jeweils zur Verfügung stehenden Fahrzeuge/Personen, kann aber die bisherigen Gewichtsbelastungen einer Straße nicht sehen, muß sich also von seinem Kollegen einweisen lassen und sich die Gewichte merken. Der andere kann zwar die aktuellen Gewichtsbelastungen der Straßen ablesen, sieht dafür aber nicht die Anzahl der übrigen Fahrzeuge/Personen. Beide sollen sich nun gegenseitig ergänzen und zeigen, daß sie fähig sind, in einem Team zu arbeiten.

Jeder Funkspruch, der getätigt wird, ist unbedingt (!) mit »Over« zu beenden. Pro Durchgang (insgesamt 5) ist eine Punktsteigerung notwendig. Während des Tests werden die Teilnehmer von mehreren Psychologen beobachtet.

Englisch-Interview

Dies ist der letzte Englischtest, den ein Bewerber beim DLR über sich ergehen lassen muß. Diesmal soll das mündliche Englisch des Bewerbers getestet werden. Dazu bekommt der Teilnehmer vorab eine englische Kurzgeschichte zu lesen. Im Test soll dann diese Geschichte möglichst fehlerfrei vorgelesen und in eigenen Worten nacherzählt werden. Zur Vorbereitung dieser Aufgabe gibt es 20 Minuten Zeit. Ein Lexikon als Hilfe für unbekannte Wörter ist nicht vorhanden – allerdings ist in dem Vorbereitungsraum auch kein Tester anwesend, so daß man durchaus die anderen Teilnehmer um Rat fragen kann.

Das Vorlesen der Geschichte erfolgt ohne Unterbrechungen bzw. Zwischenfragen der Tester. Direkt im Anschluß ist die Geschichte nachzuerzählen, wobei, sofern es Unklarheiten oder Verständnisprobleme gibt, diesmal auch Fragen zu Teilen der Geschichte gestellt werden. Hat man solche Aufgabenstellungen schon in der Schule eifrig geübt, braucht man diesen Testteil nicht besonders vorzubereiten.

Als letztes werden dem Teilnehmer drei Postkarten mit verschiedenen Motiven gezeigt. Davon darf er sich eine aussuchen und soll diese dann beschreiben. Auch hier werden wieder Fragen gestellt bzw. die dargestellten Situationen müssen interpretiert werden.

Aus Angaben von bereits getesteten Bewerbern wissen wir, daß dieser Test im allgemeinen als gut zu schaffen eingeschätzt wird. Besondere Vorbereitungen sind in der Regel nicht erforderlich, es sei denn, man hat eine bekannte Englischschwäche. Aber Vorsicht: Wirkt man nervös und unsicher, so kann der Test von den üblichen 20 Minuten bis auf die doppelte Zeitspanne ausgedehnt werden!

DAC-Test
(Nur für die Bewerbung zum Fluglotsen)

Der Dynamic-Aircraft-Control-Test (DAC) wird ausschließlich bei einer Bewerbung zum Fluglotsen durchgeführt. Dazu werden Sie in einen Extraraum gebeten, in dem sich die Nachbildung eines Radarschirmes befindet. Ihre Aufgabe ist nun, bis zu 5 (!) Flugzeuge gleichzeitig zu vordefinierten Zielen zu lotsen. Damit Sie Zeit haben, die Regeln dieses Tests auswendig zu lernen, bekommen Sie diese gleich zu Beginn des Testtages mitgeteilt. Während Sie die Regeln erklärt bekommen, dürfen Sie sich Notizen machen.

Folgende Regeln müssen Sie beachten:

1. Es muß ein horizontaler Sicherheitsabstand von 2 Flugzeugbreiten eingehalten werden.
2. Es muß ein vertikaler Sicherheitsabstand von 1000 Flugflächen (FL) eingehalten werden.
3. Man muß so wirtschaftlich wie möglich lotsen, d.h. kurze Routen und maximal zulässige Höhen (je größer die Flughöhe, desto geringer der Spritverbrauch).
4. Pro Sektor gibt es verschiedene zulässige Höhen. Diese müssen *unbedingt* eingehalten werden!
5. Die Flugzeuge dürfen wohl die Luftstraßen, nicht aber den Luftraum verlassen.
6. An den Übergabepunkten sollten die Flugzeuge wieder auf ihren Luftstraßen sein.
7. Richtungsänderungen werden immer aus der Sicht des Piloten vorgenommen.
8. Zusammenstöße darf es selbstverständlich nicht geben.

Beispiel:

In der Abbildung sehen Sie ein Radarfeld, wie es Sie im Test erwarten könnte. Sowohl die Übergabepunkte A bis F als auch die an den jeweiligen Punkten zulässigen Flugflächen (FL) und die ungefähren Gradzahlen müssen Sie vor Testbeginn auswendig lernen.

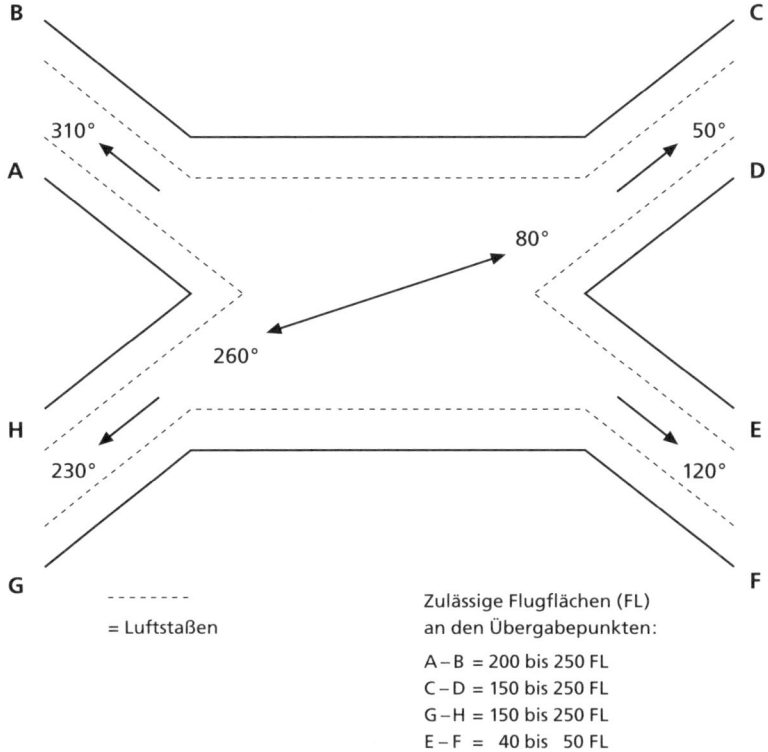

B   C

310°   50°

A   D

80°

260°

H   E

230°   120°

G   F

- - - - - - - -
= Luftstaßen

Zulässige Flugflächen (FL)
an den Übergabepunkten:

A – B = 200 bis 250 FL
C – D = 150 bis 250 FL
G – H = 150 bis 250 FL
E – F = 40 bis 50 FL

Sie beginnen den Test meist mit einem Beispieldurchlauf, in dem Sie ein bis maximal zwei Flugzeuge lotsen sollen. Rechts von Ihnen befindet sich ein Zahlenfeld von 1 bis 9. Leuchtet eine Zahl, so müssen Sie diese drücken und eine Entscheidungsfrage (mit »Ja« oder »Nein« zu beantworten) annehmen. Wann Sie die Frage per Computertastatur beantworten, entscheiden Sie. Leuchten jedoch 5 Zahlen gleichzeitig, so ertönt ein Warnton, und Sie müssen in diesem Moment mindestens eine Frage beantworten. Die Auswahl der Flugzeuge zum Lotsen erfolgt ebenfalls per Tastatur. Das gleiche gilt für die Höhen- bzw. Flugrichtungsänderungen.

Tip: Um ein Flugzeug von FL 250 auf FL 50 sinken (descent to) zu lassen, empfiehlt es sich, diese Eingabe gleich am Anfang vorzunehmen, da FL 50 sonst nicht rechtzeitig erreicht werden kann. Dies gilt genauso für den Steigflug (climb to), wobei zu beachten ist, daß Flugzeuge schneller sinken, als sie steigen können.

WRT-Test

Dieser Test findet wieder an einem Computer statt. In einem abgedunkelten Raum befinden sich 9 Lampen kreisförmig an einer Wand, eine davon in der Mitte des Kreises. Auf dem Tisch vor dem Bewerber sind genau diese Lampen noch mal als Knöpfe vorhanden. Ihre Aufgabe ist es nun, mit einem Finger den mittleren Knopf innerhalb des Kreises zu drücken, auf die Lampen an der Wand zu achten und, sowie eine Lampe an der Wand leuchtet, den mittleren Knopf loszulassen, den der leuchtenden Lampe genau entgegengesetzten Knopf zu drücken und danach wieder auf den mittleren Knopf zurückzukehren.

Zur Verdeutlichung hier ein Beispiel:
- Sie drücken den mittleren Knopf
- Die obere Lampe leuchtet
- Sie lassen den mittleren Knopf los und drücken den unteren Knopf
- Sie kehren zum mittleren Knopf zurück und halten diesen gedrückt, bis eine Lampe erneut aufleuchtet

Ein anderes Beispiel:
- Sie drücken den mittleren Knopf
- Die Lampe rechts leuchtet
- Sie drücken den linken Knopf
- Sie kehren auf den mittleren Knopf zurück

Insgesamt werden Sie in 8 Minuten ca. 320 verschiedene Knopf/Lampenkombinationen durchgehen. Versuchen Sie, so schnell und so korrekt wie möglich zu arbeiten. Lassen Sie sich nicht irritieren, wenn Sie mal einen Knopf neben dem gefragten drücken. Dies ist zwar nicht Sinn der Aufgabe, aber es geht vor allem um Schnelligkeit. Der Test soll messen, wie schnell und genau Sie auf eine neue Situation reagieren können.

TOM-Test

Beim sogenannten »Test für operative Mehrfacharbeit« (TOM-Test) geht es darum zu testen, wie Sie mit verschiedenen Aufgaben gleichzeitig umgehen können. Dieser Test findet ebenfalls am Computer statt.

Betrachten Sie die Abbildung:
Mit Hilfe eines Joysticks sollen Sie in dem großen Rechteck in der Mitte des Testfeldes versuchen, einen sich bewegenden Kreis mit Ihrem Kreuz zur Deckung zu bringen. Dabei sind die Funktionen des Joysticks wie folgt festgelegt:

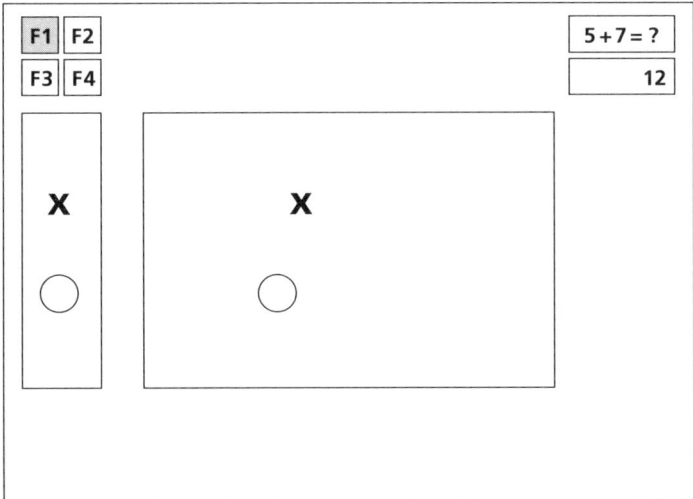

1. Kreuz nach oben bewegen = Joystick zum Körper ziehen
2. Kreuz nach unten bewegen = Joystick vom Körper weg drücken
3. Kreuz nach links bewegen = Joystick nach links bewegen
4. Kreuz nach rechts bewegen = Joystick nach rechts bewegen

Zusätzlich zu dieser »Verfolgungsjagd« haben Sie noch auf das linke Rechteck zu achten, in dem sich ebenfalls ein sich bewegender Kreis und ein Kreuz befinden. Der Kreis wandert in diesem Feld immer auf und ab, und Sie müssen wieder versuchen, Ihr Kreuz in den Kreis hinein zu bewegen. Dazu haben Sie einen zweiten Joystick, bei dem die Funktionen wie folgt festgelegt sind:

1. Kreuz nach oben bewegen = Joystick vom Körper weg drücken
2. Kreuz nach unten bewegen = Joystick zum Körper ziehen

Neben diesen beiden wandernden Kreisen müssen Sie noch auf das Feld oben rechts und auf die vier Lampen (F1 bis F4) oben links achten.

Im Rechenfeld oben rechts werden Ihnen zu unterschiedlichen Zeiten und in unterschiedlichen Abständen Rechenaufgaben eingespielt, die Sie im Kopf nebenbei lösen sollen. Die Aufgaben sind vom Schwierigkeitsgrad her etwa mit dem Kopfrechentest (s. S. 75 ff.) vergleichbar oder eher sogar etwas einfacher. Das Ergebnis tippen Sie über die Computertastatur ein. Es gibt allerdings auch Phasen, in denen das Feld leer bleibt.

Entsprechend den Lampen F1 bis F4 befinden sich auf Ihrer Computertastatur oben links die Tasten F1 bis F4. Leuchtet eine der Lampen auf Ihrem Monitor, müssen Sie innerhalb von 2 Sekunden die entsprechende Taste drücken. Spätere Druckversuche werden nicht mehr angenommen.

Tips zum Test

Ihr Hauptproblem wird während des Tests vornehmlich in der Deckung der beiden sich bewegenden Kreuze mit den jeweiligen Kreisen in ihren Feldern liegen. Versuchen Sie, in dem großen rechten Rechteck möglichst gerade Linien zu beschreiben, auch wenn sich der Kreis diagonal durch das Feld bewegt. Ihre Richtungsänderungen werden mit dieser geraden Linienführung wesentlich genauer und sie sind koordinatorisch einfacher zu handhaben. Versuchen Sie, möglichst den ganzen Bildschirm visuell zu erfassen. Sitzen Sie nicht zu nah am Bild, Sie behindern sich sonst selbst.

Die Rechenaufgaben sind in der Regel leicht zu lösen, müssen allerdings zunächst einmal wahrgenommen werden. Üben Sie zur Vorbereitung vor allem Kopfrechnen. Diese Art von multipler Belastung wird in vielen Tests immer wieder von Ihnen verlangt.

Sowie Sie erkennen, daß eine Lampe aufleuchtet, zögern Sie nicht und drücken Sie den entsprechenden Knopf, auch wenn Sie z.B. ganz knapp mit einem Ihrer Kreuze neben dem zugehörigen Kreis liegen. Ein gewisser Toleranzbereich ist in dieser Kreisverfolgung mit eingebaut.

Wichtig ist bei diesem Test auch Ihr grundsätzliches Verhalten. Denken Sie daran, daß zeitweilig mehrere Psychologen Sie während des Tests begutachten. Arbeiten Sie also konzentriert, versuchen Sie souverän zu wirken und verzichten Sie auf Flüche.

Cockpit-Test
(Nur für die Bewerbung
zum Piloten)

1. Teil

Bei diesem Test sitzen Sie in einem Flugsimulator. Im Rahmen des ersten Teils sollen Sie einige Flugübungen mit nur wenigen Instrumenten durchführen. Ihre Aufgabe besteht darin, immer 360°-Kurven innerhalb von zwei Minuten zu fliegen. Während der Kurven müssen Sie dabei entweder an Höhe gewinnen oder verlieren, das heißt, Sie befinden sich dann im Steig- bzw. Sinkflug. Der Aufbau des Simulators ist so wie in einem richtigen Flugzeug gestaltet. Während des Tests müssen Sie einzelne Instrumente ablesen und bedienen.

Auf der linken Seite des Pilotenstuhls befindet sich der Schubhebel. Wie bei einem Gaspedal gibt es auch hier eine Null- und eine Vollgasstellung. Zusätzlich befinden sich an diesem Hebel noch Einstellmöglichkeiten für den Horizontalflug, für den Sinkflug und für den Steigflug. Die Einstellungen für die Bereiche sind entsprechend markiert, so daß je nach Aufgabe der Hebel problemlos auf die jeweilige Stellung geschoben werden kann. Die weiteren Cockpitinstrumente sind nicht fest installiert, sondern wie bei einem Computerspiel auf einem Monitor dargestellt. Eines der Instrumente zeigt auch die aktuelle Stellung des Schubhebels an, so daß man während des Tests nicht immer nach links unten sehen muß, wenn man die Stellung wissen will. Die Schubhebelanzeige ist so aufgebaut, daß ein kleiner Balken im roten Bereich für den Sinkflug, im blauen Bereich für den Steigflug und im Horizontalflug zwischen Rot und Blau liegt. Die Farben Rot und Blau wurden gewählt, so wird in der Regel erklärt, da man im Steigflug den blauen Himmel sieht und im Sinkflug die (rote?) Erde.

Das Steuerhorn des Simulators funktioniert genauso wie in einem richtigen Flugzeug. Nach links drehen heißt links herum fliegen, rechts nach rechts, nach unten drücken bedeutet sinken und zurückziehen läßt das Flugzeug steigen. Um den Test nicht zu schwer werden zu lassen, werden sowohl die Quer- als auch Seitenruder ebenfalls über das Steuerhorn gesteuert, obwohl die Seitenruder in der Realität mit den Füßen bedient werden.

Wie bereits erwähnt, sollen nun innerhalb von zwei Minuten unterschiedlich viele Rechts- und Linkskurven geflogen werden. Um zu wissen, wie schnell man fliegen muß, gibt es zu den bereits erwähnten Instrumenten noch eine Uhr und einen Kompaß. Damit läßt sich leicht errechnen, wie schnell man sein muß, um die Aufgabe richtig zu lösen, und ob die richtige Schräglage für die Kurve gewählt wurde. Wenn z.B. in zwei Minuten eine 360°-Kurve zu fliegen ist, muß sich der Zeiger der Uhr zweimal (einmal pro Minute) drehen, während der Zeiger der Kompaßrose sich nur einmal dreht. Eine Minute entspricht also einer 180°-Wendung, eine halbe Minute einer 90°-Kurve. Wenn Sie also bei einer Kurve von 270° noch eine halbe Minute bis zum Kurvenende Zeit haben, sind Sie richtig geflogen. Wenn Sie nach der Kurve noch Zeit übrig haben, sind Sie die Kurve zu eng geflogen, benötigen Sie noch Zeit, war die Kurve zu groß.

Während Sie nun Ihre Kurven ziehen, dürfen Sie natürlich nicht den Höhenmesser außer acht lassen. Dieser ist das letzte Instrument in dem Test, welches Sie beachten müssen. Bei der Höhe herrschen ähnliche Verhältnisse wie bei der Uhr und der Kompaßrose. Wenn Sie in zwei Minuten z.B. 1000 Fuß an Höhe verlieren sollen, müssen Sie nach einer Minute 500 Fuß, nach einer halben Minute 250 Fuß usw. verloren haben. Beim Steigflug ist dies natürlich genau umgekehrt.

Damit Ihnen während des Fliegens nicht langweilig wird, bittet Sie das DLR, noch zusätzlich ein paar Rechenaufgaben – wie Sie im Kopfrechentest (s. S. 75 ff.) bereits beschrieben sind – im Kopf zu lösen und über eine Zehnertastatur das Ergebnis einzugeben. Beachten Sie genau die Ihnen gestellten Fluganweisungen. Diese erhalten Sie über Kopfhörer, sie sind sehr leise gesprochen und erfolgen immer während eines aktuellen Manövers. Verwechseln Sie also nicht links mit rechts und 1000 Fuß steigen mit 1000 Fuß fallen.

Die Testdauer beträgt inklusive eines Übungsdurchgangs circa 15 Minuten. Die Übungsphase zählt nicht zum Testergebnis. Während des Tests erhalten Sie etwa 7 Fluganweisungen, die Sie nachvollziehen müssen.

2. Teil

Im Gegensatz zum ersten Teil des Cockpit-Tests sind nun alle wesentlichen Instrumente eines Flugzeugcockpits vorhanden. Auch das Flugverhalten ist jetzt mit dem eines realen Flugzeugs identisch. Das Steuerhorn darf nur noch solange nach links oder rechts bewegt werden, bis die gewünschte Schräglage erreicht ist. Danach wird das Steuerhorn wieder zurück in die Ausgangslage bewegt und erst wieder benutzt, wenn der Kurs korrigiert oder ein neuer Kurs geflogen werden muß. Auch die Aufgabenstellung ist schwieriger als beim ersten Teil. Nun müssen nicht nur 360°-Kurven geflogen werden, sondern es wird eine vorgegebene Strecke abgeflogen, deren Kurs vom Testteilnehmer während (!) des Tests ständig neu berechnet werden muß. Eine mögliche Strecke haben wir Ihnen im folgenden aufgezeichnet.

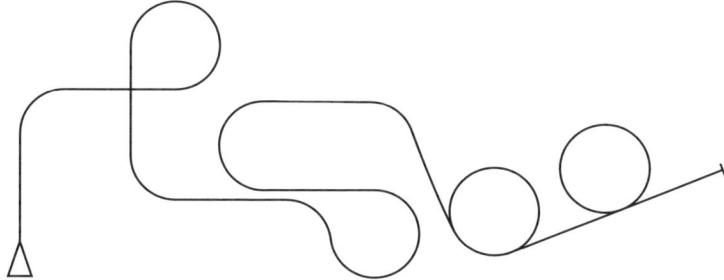

Anhand dieses Beispiels werden wir jetzt versuchen, Ihnen den Test zu erklären, wie man den Kurs berechnen muß und an welchen Stellen besondere Vorsicht geboten ist. In unserem Beispielflugfeld sind alle Kurven enthalten, die auf Sie zukommen können.

Die Geraden in diesem Beispiel sind alle gleich lang und werden immer in einer Minute geflogen. Dabei sind beim DLR diese Geraden entweder rot oder blau gekennzeichnet. Es gilt wie im ersten Teil, daß bei Blau ein Steig- und bei Rot ein Sinkflug durchgeführt werden soll. Die Höhe, die gewonnen oder verloren werden soll, beträgt immer 1000 Fuß, d.h. während der Minute des Geradeausfluges muß entweder 1000 Fuß gestiegen oder gesunken werden. In Kurven wird die Höhe immer konstant gehalten, was dadurch symbolisiert wird, daß diese weder rot noch blau gekennzeichnet sind. Während des Fluges müssen Sie diese Informationen stets im Kopf behalten.

Der erste Teil unseres Beispiels ist eine Gerade. Angenommen, Sie beginnen den Flug bei 8 000 Fuß, die Gerade ist blau, dann wäre es zunächst Ihre Aufgabe, innerhalb einer Minute um 1000 Fuß auf 9 000 Fuß zu steigen und die Position (Richtung) beizubehalten. Wie aus dem ersten Teil bekannt, müssen Sie nun den Schubhebel entsprechend einstellen und sowohl die Uhr als auch den Kompaß im Auge behalten. Als nächstes müssen Sie den Kurs für die erste Kurve berechnen. Im obigen Beispiel sieht dies sehr einfach aus, da es scheint, als beginne der Flug mit 0°. Dies ist aber niemals der Fall. In unserem Beispiel gehen wir davon aus, daß mit einem Anfangskurs von 290° gestartet wird. Da vorgegeben ist, daß man eine 90°-Kurve fliegen soll, wird der neue Kurs nach der Rechtskurve 20° betragen. Der Rechenweg ist dabei folgender: Von 290° auf 360° (bzw. 0°) sind 70° zu fliegen. Da man aber eine 90°-Kurve fliegen muß (siehe Flugroute), müssen noch 20° hinzu addiert werden (70 + 20 = 90).

Die Kurven werden mit Hilfe eines künstlichen Horizontes geflogen, der an dieser Stelle aber auf Grund seiner Komplexität nicht erklärt wird. Dies geschieht bereits vorab beim DLR in ausreichender Form. Gleiches gilt auch für das Variometer, welches anzeigt, ob man steigt oder sinkt. Auf dem künstlichen Horizont befindet sich eine Gradeinteilung, die anzeigt, in welcher Schräglage eine Kurve geflogen wird. Direkt vor dem Test wird den Teilnehmern mitgeteilt, mit welchem Winkel die Kurven jeweils geflogen werden sollen. Wird der Winkel während der Kurve konstant gehalten, die Kurve bei 20° beendet und die Höhe gehalten, so sind Sie richtig geflogen.

In unserem Beispiel soll nun eine rote Gerade folgen. Es gilt also, auf 8 000 Fuß zu sinken und den neuen Kurs zu berechnen. Die nächste Kurve ist eine 270°-Linkskurve, der neue Kurs beträgt dann 110°. Nach den beiden folgenden »blauen« Geraden und der 90°-Linkskurve beträgt der neue Kurs 20°, und die Höhe soll 10 000 Fuß betragen. Die sich nun anschließende Kurve ist eine sogenannte »Verfahrenskurve«. Bei dieser Art Kurve ist es Ihre Aufgabe, so zu fliegen, daß Sie anschließend in entgegengesetzter Richtung weiterfliegen und dabei im Gegensatz zu einer 180°-Kurve auf derselben Strecke zurückfliegen, auf der Sie gekommen sind.

Betrachten Sie nun zur Verdeutlichung eine Verfahrenskurve im Gegensatz zu einer 180°-Kurve:

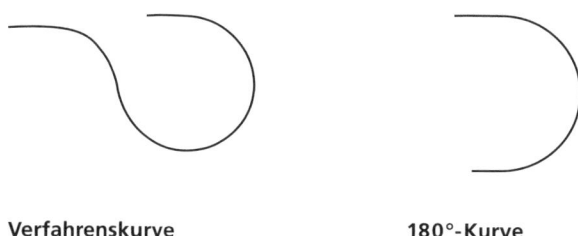

Verfahrenskurve   180°-Kurve

In unserem Beispiel kommen Sie bei richtiger Berechnung der Kurve im Idealfall auf einen neuen Kurs von 200°. Die Verfahrenskurve setzt sich aus zwei Teilkurven zusammen. Der erste Teil ist immer eine Rechts- oder Linkskurve von 80°. Der zweite Teil ist ebenso immer eine Rechts- oder Linkskurve, allerdings mit einem Winkel von 260°. Zur Berechnung einer Verfahrenskurve gibt es eine Formel:

alter Kurs ± 80° = X   X ± 260° = neuer Kurs

– steht immer für eine Linkskurve
+ steht immer für eine Rechtskurve

Somit ergibt sich für obiges Beispiel folgende Berechnung:

alter Kurs = 20°
 20° + (für eine Rechtskurve) 80° = 100°
100° – (für eine Linkskurve) 260° = 200°

Wichtig ist, immer nur bis 360° zu rechnen und dann die restliche Kursänderung aufzuaddieren.

Hier zwei weitere Beispiele:

1. alter Kurs = 40°
    40° + 80° = 120°   120° – 260° = 220°

2. alter Kurs = 110°
    110° – 80° = 30°   30° + 260° = 290°

Der Verfahrenskurve schließt sich wieder eine Gerade an, die nun rot sein soll. Nachdem Sie wieder auf 9 000 Fuß sind, müssen Sie nun eine 180°-Kurve nach rechts fliegen. Der neue Kurs beträgt also wieder 20°.

Bei der nächsten Kurve ist äußerste Vorsicht geboten. Diese ist die einzige Kurve, zu der etwas gesagt wird, da nicht ersichtlich ist, wie groß ihr Winkel ist. Ihnen wird nun mitgeteilt, daß dieser 120° beträgt, was auch richtig ist. Damit ist aber nicht gemeint, daß der neue Kurs 120° beträgt, da von dem Außenwinkel und nicht von der Kursänderung gesprochen wird. Die Kursänderung beträgt nämlich nur 60°. Will man eine Kurve fliegen und auf gleichem Kurs zurückkommen, so beträgt der Kurvenwinkel 180°. Unser Kurvenwinkel beträgt aber nur 120°. 180° − 120° = 60°, also unsere Kursänderung. 20° (Ausgangskurs) + 60° (Kursänderung) = 80°. Nach der Kurve beträgt der neue Kurs also 80°. Nun folgt wieder eine Gerade, bei der Sie an Höhe verlieren müssen. Als nächstes kommt eine Kurve, die nicht − wie man vermuten könnte − eine 360°-Kurve ist, sondern eine 450°-Kurve. Der neue Kurs ist dann 350°. Auf der vorletzten Geraden müssen Sie nochmals 1000 Fuß an Höhe verlieren, so daß die momentane Höhe 7000 Fuß beträgt. Die letzte Kurve ist eine 360°-Kurve, nach der mit demselben Kurs weitergeflogen wird. Die letzte Gerade soll blau sein, so daß die Endhöhe 8 000 Fuß beträgt.

Andere Kurven als 60°, 90°, 180°, 270°, 360° und 450° und die Verfahrenskurve kommen im Test nicht vor. Wie auch im ersten Testteil handelt es sich hier um einen reinen Instrumentalflug ohne Landschaft oder Himmel. Sichtbar sind nur die Instrumente, nach denen Sie fliegen sollen. Die Bedienung des Flugsimulators entspricht ebenfalls dem ersten Testteil. Eine Zusatzbelastung ist aber das Fliegen nach einer Uhr, die durch den Bewerber selbst in Gang gesetzt wird, der somit Testanfang und Ende bestimmt. Die Bedienung der Uhr geschieht wie folgt: Immer wenn eine Gerade geflogen werden soll, wird die Uhr gestartet, um zu wissen, wie lange geradeaus geflogen wird. Bei den Kurven ist dies nicht erforderlich, da sich deren Länge aus dem Zusammenwirken des Kompasses und des künstlichen Horizontes ergibt. Wenn die letzte Gerade geflogen ist, wird die Uhr gestoppt; damit ist der Test beendet. Zusätzlich muß vor jeder Kursänderung ein Funkspruch bezüglich des neuen Kurses durchgegeben werden.

Ein Beispiel:
Der augenblickliche Kurs beträgt 300° und die nächste Kurve soll eine 90°-Rechtskurve sein. Dann muß die Meldung, die in ein Mikrophon gesprochen wird, lauten: »90°-Rechtskurve, neuer Kurs 30°.«

Der gesamte Test dauert inklusive Übungsphase etwa eine Stunde, wobei der Übungsdurchgang auch hier nicht bewertet wird. Um den Test noch zu erschweren, wird dem Teilnehmer zu keinem Zeitpunkt gesagt, wo er sich gerade befindet. Es gibt keinen Pfeil oder einen sonstigen Indikator, der die aktuelle Position anzeigt. Zusätzlich werden beim letzten Testdurchgang noch Seitenwinde mit eingespielt, die den Bewerber vom Kurs abbringen sollen.

Versuchen Sie, diesen Test mit den im Handel erhältlichen Flugsimulatoren zu üben. Denken Sie sich Flugstrecken aus, markieren Sie die Geraden mit Rot oder Blau und versuchen Sie, die Strecke am PC abzufliegen. Haben Sie sich erst einmal an die Handlungsabläufe und Berechnungen gewöhnt, so sollte Ihnen der reale Test etwas leichter fallen.

Lösungsverzeichnis

Schriftlicher Englischtest
(S.15 ff.)

1. Teil

1. b	**2.** b	**3.** c	**4.** a	**5.** c	**6.** c	**7.** c	**8.** c	**9.** a	**10.** a
11. a	**12.** c	**13.** c	**14.** b	**15.** b	**16.** a	**17.** a	**18.** c	**19.** b	**20.** a
21. a	**22.** b	**23.** b	**24.** c	**25.** a	**26.** c	**27.** c	**28.** a	**29.** b	**30.** b
31. c	**32.** a	**33.** a	**34.** c	**35.** a	**36.** b	**37.** b	**38.** b	**39.** a	**40.** c
41. c	**42.** a	**43.** b	**44.** a	**45.** b	**46.** c	**47.** a	**48.** b	**49.** c	**50.** a
51. a	**52.** c	**53.** c	**54.** c	**55.** a	**56.** b	**57.** b	**58.** c	**59.** c	**60.** a
61. b	**62.** b	**63.** b	**64.** c	**65.** c					

2. Teil

1. b	**2.** a	**3.** c	**4.** b	**5.** b	**6.** b	**7.** c	**8.** b	**9.** a	**10.** d
11. c	**12.** ab	**13.** b	**14.** b	**15.** abd	**16.** c	**17.** c	**18.** b	**19.** a	**20.** a
21. d	**22.** c	**23.** c	**24.** c	**25.** b					

Konzentrations-Aufmerksamkeits-Leistungstest
(S. 21 ff.)

1. 9	**2.** 13	**3.** 10	**4.** 8	**5.** 7	**6.** 5	**7.** 6	**8.** 11	**9.** 14	**10.** 5
11. 15	**12.** 9	**13.** 5	**14.** 10	**15.** 10	**16.** 11	**17.** 9	**18.** 9	**19.** 12	**20.** 6
21. 1	**22.** 4	**23.** 3	**24.** 4	**25.** 3	**26.** 3	**27.** 4	**28.** 4	**29.** 2	**30.** 5
31. 1	**32.** 2	**33.** 4	**34.** 2	**35.** 1	**36.** 4	**37.** 6	**38.** 2	**39.** 6	**40.** 6
41. 1	**42.** 5								

Visueller Merkfähigkeitstest
(S. 23 ff.)

A 78	B 65	C 15	D 46	E 82	F 92	G 41	H 48	J 62	K 18
L 37	M 98	N 32	P 21	Q 73	R 50	S 59	T 43	U 34	V 26
W 19	X 40	Y 77	Z 89	a 95	b 30	c 13	d 57	e 86	f 54
g 39	h 67								

Flugzeug-Positionierungstest
(S. 35 ff.)

1. Block

1. A	2. D	3. D	4. C	5. D	6. B	7. C	8. B	9. C	10. C

2. Block

1. B	2. C	3. D	4. B	5. A	6. D	7. A	8. B	9. C	10. D

3. Block

1. D	2. A	3. C	4. B	5. C	6. D	7. C	8. C	9. D	10. D

4. Block

1. B	2. D	3. B	4. A	5. B	6. A	7. A	8. A	9. D	10. A

5. Block

1. D	2. B	3. B	4. B	5. B	6. A	7. A	8. B	9. D	10. C

Würfel-Rechenleistungstest

(S. 39 ff.)

1. Block

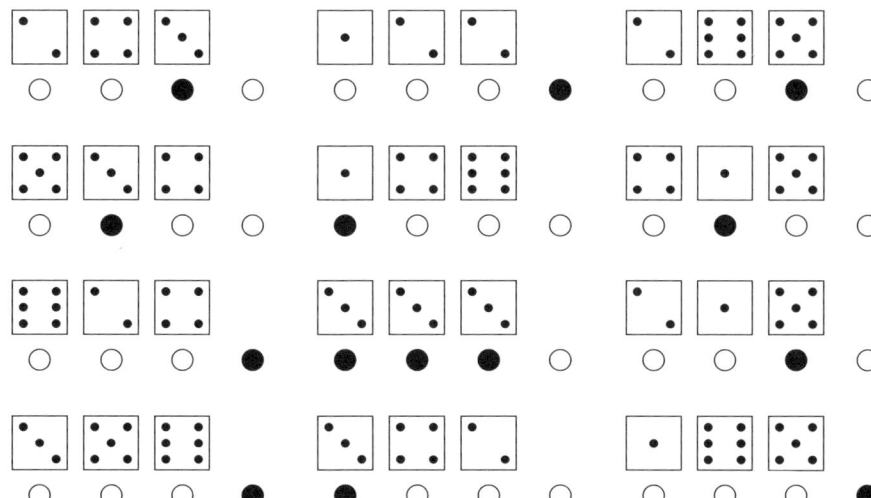

2. Block

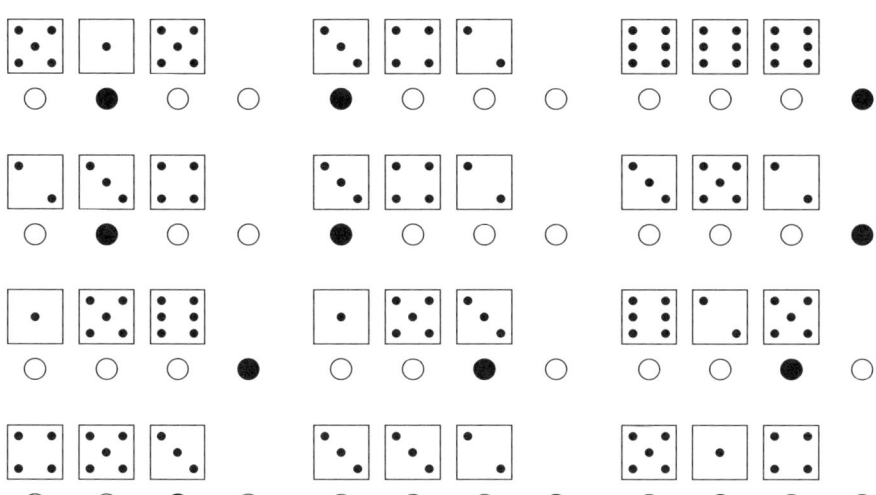

Akustischer Englischtest

(S. 43 ff.)

1. Teil

Auf englisch genannte Zahlen	Zahlenwert
twenty-three	33
one thousand	1000
twenty-nine	29
seventy-eight	78
one hundred and fourty-four	144
two thousand one hundred and eight	2108
nine hundred and ninety-nine	999
sixty-five	65
two million four hundred	2 000 400
twenty thousand nine hundred and nine	20 909
ten	10
seventy-one	71
two hundred and fourty-three	243
thirteen	13
twenty	20
eighty-six	86
three hundred and twenty-one	321
four hundred and fourty-two	442
five hundred and nine	509
twelve	12

2. Teil

Auf englisch genannte Wörter	Deutsche Übersetzung	Auf englisch genannte Wörter	Deutsche Übersetzung
car	Auto	runway	Start-/Landebahn
feet	Füße	alarm	Alarm
clearance	Freigabe	jittery	rappelig
altitude	Flughöhe	counterpoise	Gegengewicht
arrival	Ankunft	icebound	eingefroren
descent	sinken	rehearse	proben
emergency	Notfall	early	früh

Auf englisch genannte Wörter	Deutsche Übersetzung	Auf englisch genannte Wörter	Deutsche Übersetzung
spread	ausbreiten	deaf	taub
zero	Null	evidence	Beweis
permit	erlauben	deny	verweigern
interest	Interesse	recently	kürzlich
bullet	Kugel	acquire	erfordern
lover	Geliebter	pretend	vortäuschen
stair	Treppe	overcrowded	überfüllt
hawk	Falke	savage	primitiv
encouragement	Ermutigung	citizen	Bürger
locker	Schließfach	astonish	erstaunen
weird	fremd	examine	untersuchen
untidy	unsauber	abroad	Ausland
message	Nachricht	delay	Verspätung
graceful	hübsch	several	mehrere
relief	Erleichterung	plentiful	reichlich
naughty	ungezogen	excited	aufregend
epicure	Feinschmecker	enraged	wütend
eiderdown	Daunendecke	immediately	sofort
plump	prall	eventually	schließlich
rule	Regel	indeed	tatsächlich
fate	Schicksal	courage	Mut
fortune	Glück	influence	Einfluß
slight	schwach	survive	überleben
victim	Opfer	regret	bedauern
score	Punktestand	reinforce	verstärken
event	Ereignis	gap	Lücke
among	zwischen	schedule	Zeitplan
subject	Subjekt	successor	Nachfolger
framework	Grundgerüst	seldom	selten
pin	Nadel	obey	überzeugen
ill	krank	nevertheless	trotzdem
smooth	weich	stamp	Briefmarke
task	Aufgabe	pure	rein
yard	Hof	adjust	anpassen
barn	Scheune	delight	vergnügen
flag	Flagge	peanut	Erdnuß
chat	klatschen	invite	einladen

3. Teil

1. b	**2.** b	**3.** c	**4.** a	**5.** c	**6.** c	**7.** c	**8.** c	**9.** a	**10.** a
11. a	**12.** c	**13.** c	**14.** b	**15.** b	**16.** a	**17.** a	**18.** c	**19.** b	**20.** a
21. a	**22.** b	**23.** b	**24.** c	**25.** a	**26.** c	**27.** c	**28.** a	**29.** b	**30.** b
31. c	**32.** a	**33.** a	**34.** c	**35.** a	**36.** b	**37.** b	**38.** b	**39.** a	**40.** c
41. c	**42.** a	**43.** b	**44.** a	**45.** b	**46.** c	**47.** a	**48.** b	**49.** c	**50.** a
51. a	**52.** c	**53.** c	**54.** c	**55.** a	**56.** b	**57.** b	**58.** c	**59.** c	**60.** a
61. b	**62.** b	**63.** b	**64.** c	**65.** c					

Flugwissentest
(S. 49 ff.)

1. c	**2.** d	**3.** a	**4.** c	**5.** d	**6.** d	**7.** c	**8.** a	**9.** c	**10.** c
11. a	**12.** a	**13.** b	**14.** d	**15.** d	**16.** b	**17.** c	**18.** c	**19.** c	**20.** b
21. a	**22.** c	**23.** a	**24.** d	**25.** b					

Rechentest
(S. 61 ff.)

1. Teil

1. 15 l, 400 km	**2.** 24,75 qm	**3.** 35	**4.** 1187,50 DM	**5.** 26,6 m
6. 36 m	**7.** 40 Minuten	**8.** 26 km	**9.** 43 m	**10.** 50 %
11. 2 Monate	**12.** 31,28	**13.** 32 Tage	**14.** 2500	**15.** 120 dm²
16. 40 Jahre	**17.** 13 000 DM	**18.** 56 000 DM	**19.** 60 %	**20.** 37 %
21. 50 kg	**22.** 50 %	**23.** 144 mal	**24.** 5 %	**25.** 48 DM
26. 35 Pfennig	**27.** 280 km	**28.** 205 kg	**29.** 26 Tage	**30.** 30
31. 70 m	**32.** 45 m	**33.** 50 DM	**34.** 84	**35.** 78 cm
36. 19	**37.** 6 g	**38.** 75 DM	**39.** 90 m	**40.** 120 Pfennig
41. 17	**42.** 24 m	**43.** A:16 S:24 B:48	**44.** 3 Töchter 4 Söhne	

2. Teil

1. d	**2.** 2	**3.** 24	**4.** 10	**5.** a
6. c	**7.** c	**8.** 2 g/cm³	**9.** 12 Schnitte	**10.** b

Zweidimensionaler Vorstellungstest
(S. 68 ff.)

1.

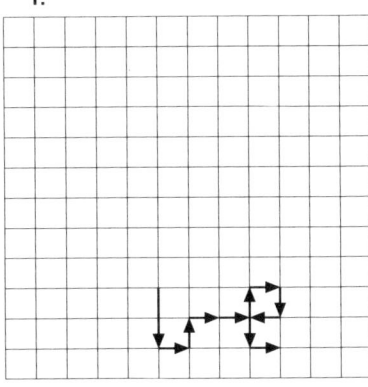

4.

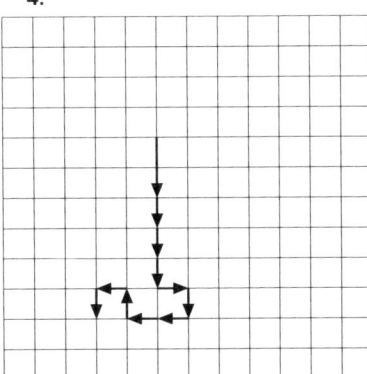

2.

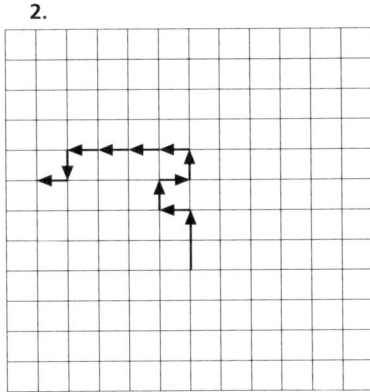

5.

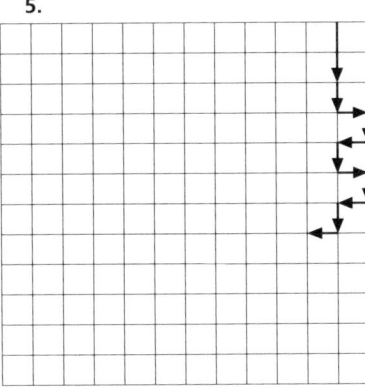

3.

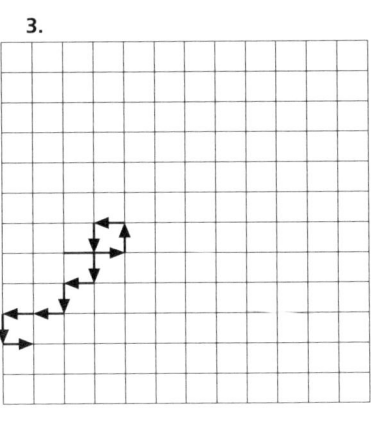

6.

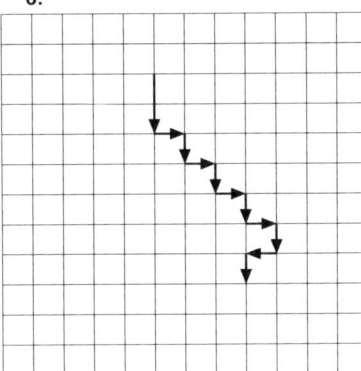

7.

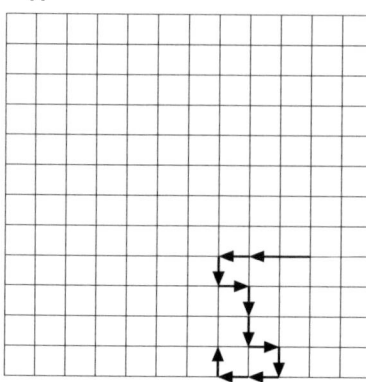

10.

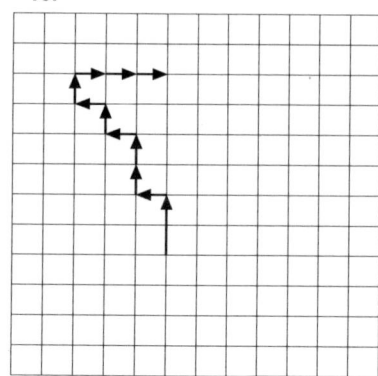

8.

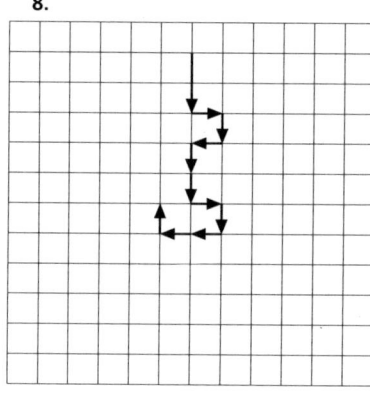

11.

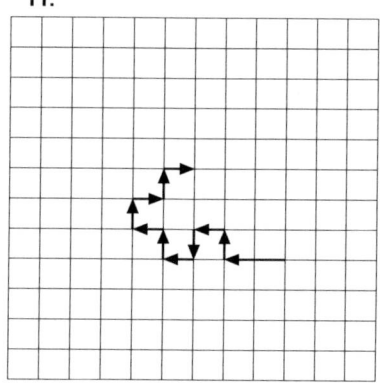

9.

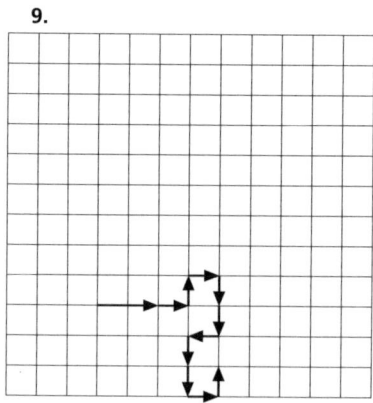

12.

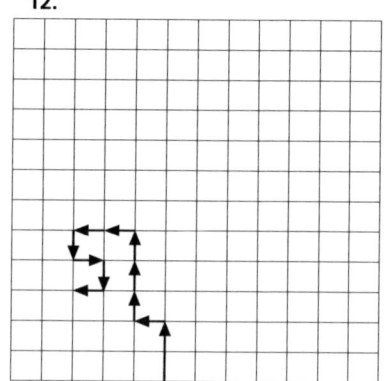

Kopfrechentest
(S. 75 ff.)

1. 1460	**2.** −7	**3.** 2464	**4.** 46,25	**5.** 4
6. 25	**7.** 456	**8.** 86	**9.** 3348	**10.** 156
11. 515	**12.** 143	**13.** 221	**14.** 7	**15.** 142,5
16. 371	**17.** 124	**18.** 181	**19.** 9	**20.** 8
21. 8	**22.** 60	**23.** 811	**24.** 21	**25.** 169
26. 144	**27.** 1635	**28.** 78	**29.** 292	**30.** 66
31. 37	**32.** 289	**33.** 27	**34.** 576	**35.** 144
36. 12	**37.** 120	**38.** 18	**39.** 221	**40.** 7
41. 4	**42.** 16	**43.** 112	**44.** 52	**45.** 9
46. 128	**47.** 96	**48.** 4	**49.** 87	**50.** 207

Technisches Verständnis
(S. 77 ff.)

1. b	**2.** d	**3.** a	**4.** d	**5.** d	**6.** c	**7.** a	**8.** a	**9.** b	**10.** a
11. a	**12.** b	**13.** a	**14.** c	**15.** d	**16.** b	**17.** c	**18.** b	**19.** a	**20.** a
21. a	**22.** c	**23.** b	**24.** b	**25.** d	**26.** d	**27.** a	**28.** c	**29.** a	**30.** b
31. a	**32.** d	**33.** d	**34.** b	**35.** a	**36.** d	**37.** c	**38.** a	**39.** a	**40.** c

Akustischer Merkfähigkeitstest
(S. 86 ff.)

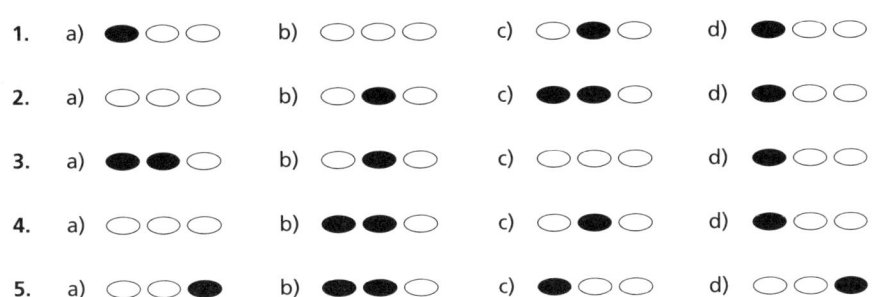

	a)	b)	c)	d)
6.	●○○	●●○	○○●	○●○
7.	○●○	○○○	○●○	●●○
8.	●●○	○●○	○○○	○●●
9.	○●●	●○○	●○●	●●●
10.	●●●	○○○	●●○	●●●
11.	●○○	○○○	●○○	●○○
12.	●●○	●●○	○●○	○○○
13.	○○○	○○○	●●○	○○○
14.	○○○	○●○	●●○	●○○
15.	●○○	○○○	●●○	○○○
16.	●○●	○●●	○○○	○○●
17.	●○○	○○○	●●○	○○○
18.	○○○	○●●	●○●	○○○
19.	●○○	○●○	●●○	●○●
20.	●●○	○○○	○○○	●●○
21.	○○○	○○○	○●○	○○○
22.	○○●	●●●	○○○	○○○
23.	○○○	●●●	○○●	●●○
24.	○●●	●○○	○○○	●●●
25.	○○○	●○●	○○●	●●●

Konzentrations-Rechenleistungstest

(S. 90 ff.)

1. Block

Suchfeld

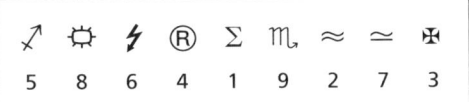

♐	☼	ϟ	®	Σ	♏	≈	≃	✠
5	8	6	4	1	9	2	7	3

♐	8 ○○●	♏	16 ●○○	®	10 ○○●	≃	10 ○●○	✠	1 ○○●	Σ
☼	10 ○●○	≈	7 ●○○	✠	9 ●○○	®	6 ○●○	≈	3 ○○●	♐
≃	13 ○●○	ϟ	6 ○○●	Σ	9 ●○○	≈	11 ●○○	ϟ	16 ●○○	≃
≈	7 ○●○	♐	4 ○○●	☼	15 ○●○	≃	11 ○○●	♐	11 ●○○	®
Σ	4 ●○○	Σ	5 ●○○	✠	9 ●○○	♐	7 ●○○	Σ	3 ○○●	ϟ
≃	12 ●○○	®	3 ○○●	♐	16 ●○○	≈	7 ○○●	☼	4 ○○●	≃
®	12 ○●○	☼	9 ○●○	Σ	11 ●○○	®	10 ●○○	Σ	2 ○○●	✠
✠	14 ●○○	Σ	11 ●○○	ϟ	9 ○○●	☼	12 ○●○	®	4 ○○●	Σ

2. Block

Suchfeld

▲	±	≈	♌	♋	☊	○	♀	♂
9	2	3	5	7	1	4	6	8

≈ 8   ☊ 9   ♂ 10   ≈ 10   ± 1   ♌

♋ 10   ± 10   ♂ 10   ± 6   ♋ 16   ▲

○ 13   ♂ 6   ○ 12   ▲ 11   ☊ 9   ♋

± 7   ♂ 4   ▲ 12   ≈ 11   ▲ 11   ♌

♀ 4   ♌ 11   ♀ 9   ± 7   ≈ 7   ○

♂ 12   ☊ 3   ± 16   ☊ 7   ▲ 10   ☊

▲ 12   ± 9   ♌ 11   ± 9   ♋ 12   ♌

♂ 14   ± 11   ♋ 16   ▲ 12   ♀ 14   ♂

3. Block

Suchfeld

| ≠ | 1 | ⩾ | 2 | ≢ | 3 | ⊥ | 4 | ≠ | 5 | ≢ | 6 | ≢ | 7 | ≢ | 8 | ⧓ | 9 |

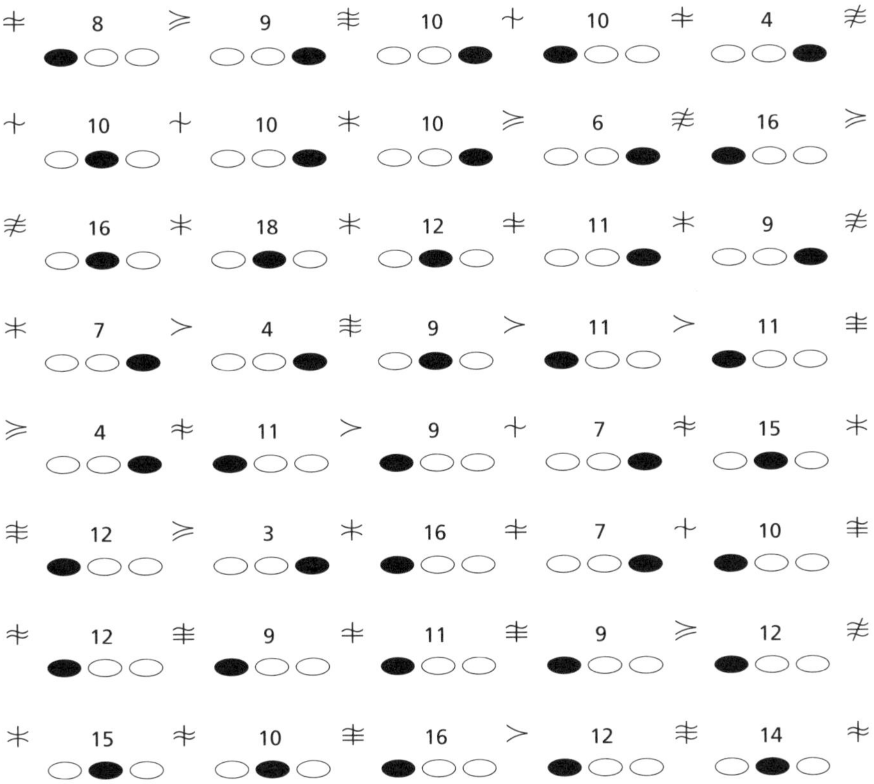

≠　8　　⩾　9　　≢　10　　⊥　10　　≠　4　　≢
●○○　　○○●　　○○●　　●○○　　○○●

⊥　10　　⊥　10　　⧓　10　　⩾　6　　≢　16　　⩾
○●○　　○○●　　○○●　　○○●　　●○○

≢　16　　⧓　18　　⧓　12　　≢　11　　⧓　9　　≢
○●○　　○●○　　○●○　　○○●　　○○●

⧓　7　　＞　4　　≢　9　　＞　11　　＞　11　　≢
○○●　　○○●　　○●○　　●○○　　●○○

⩾　4　　≠　11　　＞　9　　⊥　7　　≢　15　　⧓
○○●　　●○○　　●○○　　○○●　　○●○

≢　12　　⩾　3　　⧓　16　　≢　7　　⊥　10　　≢
●○○　　○○●　　●○○　　○○●　　●○○

≠　12　　≢　9　　≠　11　　≢　9　　⩾　12　　≠
●○○　　●○○　　●○○　　●○○　　●○○

⧓　15　　≠　10　　≢　16　　＞　12　　≢　14　　≠
○●○　　○●○　　●○○　　●○○　　○●○

Rechts- und Linksabbiegen
(S. 94 ff.)

Linkskurven

1. 5	**2.** 2	**3.** 4	**4.** 2	**5.** 2	**6.** 4	**7.** 5	**8.** 2	**9.** 4	**10.** 3
11. 4	**12.** 4	**13.** 8	**14.** 4	**15.** 4	**16.** 6	**17.** 4	**18.** 5	**19.** 3	**20.** 4
21. 5	**22.** 6	**23.** 5	**24.** 3						

Rechtskurven

1. 3	**2.** 3	**3.** 2	**4.** 1	**5.** 2	**6.** 1	**7.** 4	**8.** 1	**9.** 3	**10.** 5
11. 4	**12.** 2	**13.** 4	**14.** 2	**15.** 3	**16.** 3	**17.** 3	**18.** 4	**19.** 3	**20.** 5
21. 6	**22.** 4	**23.** 2	**24.** 5						

Würfel-Rotationstest
(S. 98 ff.)

1. unten	**2.** hinten	**3.** oben	**4.** links	**5.** hinten
6. hinten	**7.** vorne	**8.** oben	**9.** oben	**10.** oben
11. links	**12.** vorne	**13.** rechts	**14.** links	**15.** oben
16. unten	**17.** links	**18.** rechts	**19.** unten	**20.** unten
21. oben	**22.** oben	**23.** links	**24.** hinten	**25.** links
26. hinten	**27.** links	**28.** oben	**29.** rechts	**30.** rechts

Positions-Logik-Test
(S. 101 ff.)

1. B

Regel 1: * immer an 2. Position in der Punktgruppe

Regel 2: * zunächst in der 1., dann in der 2., 3., 4., 5. Gruppe

2. C

Regel 1: * immer an drittletzter Position

Regel 2: * abwechselnd in der 2. und 3. Gruppe

3. A

Regel 1: * immer in der Mitte der Gruppe

Regel 2: * immer in der 2. Gruppe

4. B

Regel 1: * immer in der Mitte der Gruppe

Regel 2: * immer in der Gruppe, die links von einer Gruppe mit nur einem Punkt steht

5. B

Regel 1: * immer abwechselnd an erster und letzter Position in der Gruppe

Regel 2: * abwechselnd in 6er- und 5er-Gruppen

6. A

Regel 1: * zunächst an 1., dann an 2., 3., 4., 5. Position der Gruppe

Regel 2: * immer in einer 5er-Gruppe

7. C

Regel 1: * abwechselnd an der 3. und 4. Position der Gruppe

Regel 2: * immer in der größten Gruppe

8. A

Regel 1: * abwechselnd an letzter und erster Position

Regel 2: * links neben einer Dreier- und Fünfergruppe im Wechsel

9. B

Regel 1: * immer alleine in der Gruppe

Regel 2: * zunächst rechts von einer 5er-, dann von einer 4er-, 3er-, 2er-, 1er-Gruppe

10. A

Regel 1: * immer in der Mitte der Gruppe

Regel 2: * abwechselnd in der 1. und 2. Gruppe

Simultan-Arbeitstest

(S. 105 ff.)

Zur besseren Überprüfbarkeit sind die Pfeile hier in eine Reihenfolge gebracht. Beim Test selbst spielt diese Reihenfolge keine Rolle.

Aufgabe	Pfeil I	II	III	IV	V	VI	Flugnr.
1.	50	160	330				1
2.	90	100	355				1
3.	100	100	355				1
4.	200	270	345				0
5.	45	55	130				1
6.	250	330	350				3
7.	45	195	260				1
8.	10	125	125				1
9.	30	75	300				1
10.	20	190	355				2
11.	30	85	175	200	350		0
12.	30	35	45	175	190		3
13.	45	90	90	180	190		2
14.	45	100	190	340	355		1
15.	30	100	190	280	330		0
16.	40	50	120	215	220		2
17.	85	115	210	225	280		1
18.	10	95	190	280	310		0
19.	0	90	95	225	300		2
20.	45	140	180	185	280		1
21.	10	40	170	185	195	225	4
22.	40	45	215	310	340	355	0
23.	0	30	180	185	225	260	1
24.	10	90	190	200	290	335	2
25.	0	45	165	210	260	260	2

Figuren ergänzen

(S. 118 ff.)

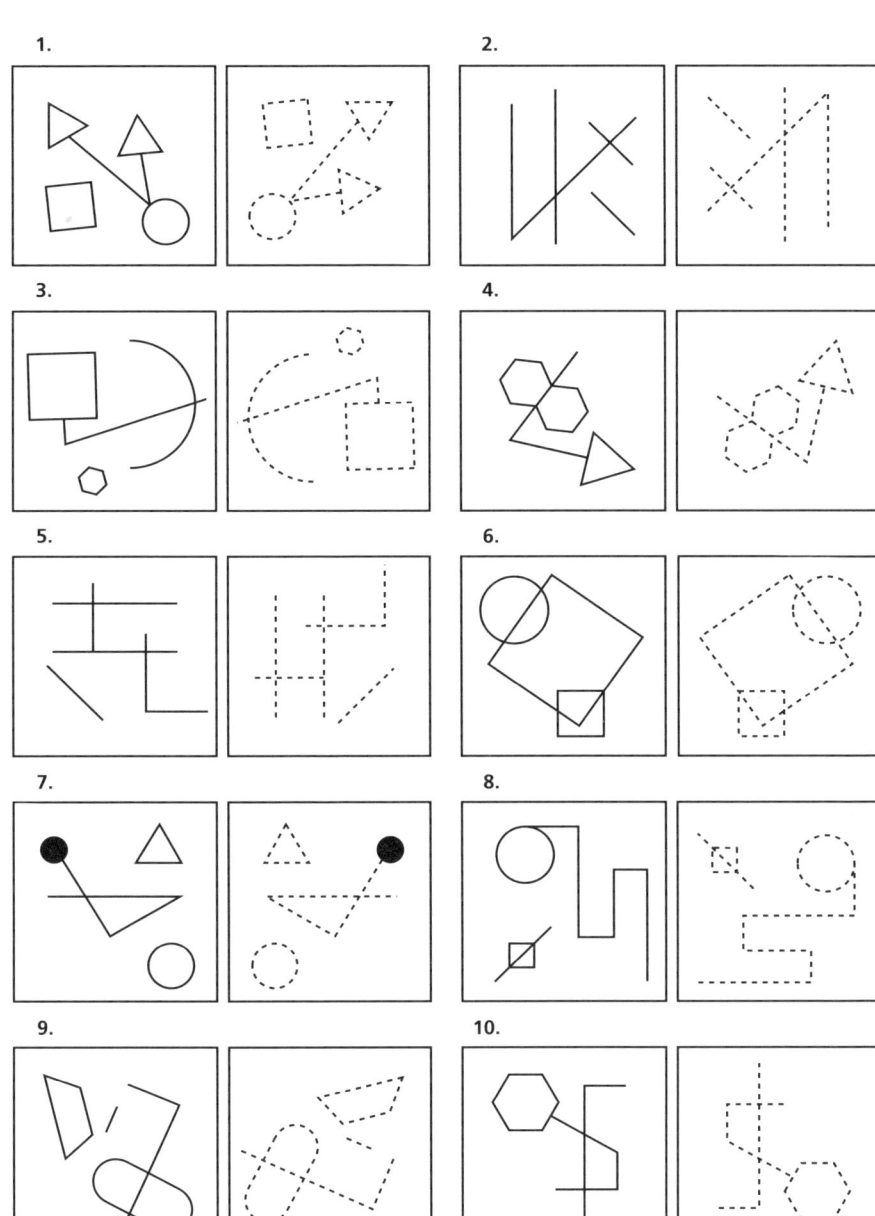

Erfolgreich bewerben

Das optimale Training
für alle Einstellungs-
tests.

Hesse/Schrader
Testtraining 2000
Pb · 508 S.
DM 39,80
ISBN 3-8218-1408-X

Innovative Wege für
die Gestaltung der
Bewerbungsunterlagen.

Hesse/Schrader
*Optimale Bewerbungs-
unterlagen: Strategien
für die Karriere*
Pb · 298 S.
DM 39,80
ISBN 3-8218-1294-X

Darauf kommt es
beim Vorstellungs-
gespräch an.

Hesse/Schrader
*Das erfolgreiche
Vorstellungsgespräch*
Pb · 160 S.
DM 24,80
ISBN 3-8218-1505-1

Das Know-how
für eine erfolgreiche
Bewerbung
als Führungskraft.

Hesse/Schrader
*Neue Bewerbungs-
strategien für
Führungskräfte*
Pb · 288 S.
DM 39,80
ISBN 3-8218-1504-3

**SCHULE,
STUDIUM,
BERUF:**Eichborn.
Die individuellen Ratgeber
für **Ausbildung** & **Karriere**

*Eichborn Verlag · Kaiserstraße 66 · 60329 Frankfurt
Telefon: 069 / 25 60 03-0 · Fax: 069 / 25 60 03-30
www.eichborn.de – Wir schicken Ihnen gern ein Verlagsverzeichnis.*